Accogliere Gli

Extraterrestri

Accogliere Gli Extraterrestri

Rael

Copyright © The Raelian Foundation 2009.

Rael è identificato come l'autore di quest'opera in accordo con Copyright, Designs and Patents Act 1988 All Rights Reserved. Nessuna parte di questa pubblicazione può essere riprodotta, immagazzinata in banche dati e trasmessa sotto ogni forma con mezzi elettronici o meccanici, fotocopie, stampe, registrazioni o altro, senza il permesso dell'editore e del titolare del copyright.
Tradotto dal libro "Accueillir les Extra-terrestres. Ils ont créé l'humanité en laboratoire" scritto in lingua francese da Rael, originariamente pubblicato nel 1979 da "La Fondation Raëlienne".

ISBN-10: 2-940252-28-9
ISBN-13: 978-2-940252-28-2

Editore: Nova Distribution
L'editore può essere contattato a: publishing@rael.org

Ringraziamenti:
Editore capo e Project Manager: Cameron Hanly
Composizione e Design: Cameron Hanly e Line Gareau
Cover Art: Cameron Hanly e Sophie De Niverville
Traduzione: Marco Franceschini

Indice

Introduzione	1
Domande Ricorrenti	9
Contraddizioni apparenti tra il primo ed il secondo messaggio	9
Datazione dell'opera degli Elohim	12
Il popolo d'Israele e gli Ebrei	14
Il Movimento Raeliano e il denaro	14
Nulla di costante nel tempo e nello spazio	16
Trasmissione del piano cellulare ed osso frontale	19
La terra è un atomo del dito di Dio?	22
L'arca di Noé : un vascello spaziale	23
La vita dopo la vita o il sogno e la realtà	25
Il livello di evoluzione scientifica degli Elohim	28
Né dio, né anima, ma Elohim e codice genetico	29
La religione dell'infinito	32
L'avvenire delle religioni tradizionali	34
Raelismo e Geniocrazia	35
Chi ha creato il creatore dei creatori?	37
A cosa serve vivere?	43
Che cos'è il piacere?	45
Che cos'è la morte?	52
Libertà sessuale e non obbligo	62
Raelismo ed omosessualità	64
Deisti ed evoluzionisti: i falsi profeti	65
Il suicidio	67

NUOVE RIVELAZIONI	**69**
Il diavolo non esiste, io l'ho incontrato	69
Mio padre che è nei cieli	83
Messaggio di Jahvé agli uomini della terra	87
UNA RELIGIONE ATEA	**105**
Angeli senza ali	105
La Deresponsabilizzazione	110
ADDENDUM	**125**
Apparizione del 7 ottobre 30 D.H. (1976)	125
Messaggio degli Elohim del 14 marzo 32 d.H. (1978)	127
Modifica dei nuovi comandamenti	128
COMMENTI E TESTIMONIANZE DI RAELIANI	**129**
Il Raelismo Sotto L'occhio Della Scienza	129
Impressioni di un "prete"	139
Sì, sono Raeliano!	144
La consacrazione del mio sacerdozio	150
Essere attivo per non diventare radioattivo	156
Dal Marxismo al Raelismo	160
Adesione	160
Una Nuova Arte Di Vivere	161
BIBLIOGRAFIA	*164*
AVVERTENZA	*165*
INDICE ANALITICO	*166*

Introduzione

Potete comprendere totalmente il senso di quest'opera soltanto se avete letto i primi due libri di Rael: "Il libro che dice la verità" e "Gli extraterrestri mi hanno portato sul loro pianeta".

Leggendo la prima di queste due opere, si apprende che la vita sulla Terra non è il frutto di un'evoluzione dovuta al caso, ma il risultato di una creazione. Non si tratta però di un'opera divina, bensì di una creazione effettuata in laboratorio da esseri che avevano una perfetta padronanza della genetica e della biologia cellulare, proprio come quella che al giorno d'oggi iniziano a possedere i nostri scienziati più progrediti. Ecco in breve cosa rivela quest'opera contenente il messaggio che questi extraterrestri molto più evoluti rispetto a noi, gli Elohim, dettarono a Rael dopo averlo condotto telepaticamente nel cratere di un vulcano spento dell'Auvergne nel dicembre del 1973:

- Molto tempo fa, degli esseri umani simili a noi, abitanti di un lontano pianeta, scoprirono il segreto scientifico della vita e riuscirono a creare in laboratorio degli esseri viventi artificiali grazie ad una perfetta padronanza dell'acido desossiribonucleico (DNA). Questi esseri ricercarono nell'universo un pianeta sul quale avrebbero potuto proseguire i loro esperimenti al riparo dalle reazioni scandalizzate dell'opinione pubblica del loro mondo. Dopo aver inviato delle sonde spaziali un po' ovunque nella nostra galassia (che è anche la loro), finirono per trovare un pianeta con un'atmosfera che si prestava alla realizzazione dell'esperienza.

Essi giunsero su questo pianeta e vi costruirono dei laboratori nei quali poterono lavorare in tutta libertà. Vi crearono piante, animali e, per finire, un essere fatto "a loro immagine", l'uomo.

Questo pianeta, l'avrete certamente capito, era la Terra, e la

Bibbia non narra dell'opera di un dio onnipotente ed immateriale, bensì di una fantastica esperienza scientifica condotta da esseri ai quali l'Umanità deve la propria esistenza. È molto importante sottolineare che, nella Bibbia originale scritta in ebraico, questi esseri, non vengono chiamati "dio", come vogliono invece farci credere le cattive traduzioni, bensì "Elohim". Questa antica parola ebraica significa letteralmente: "coloro che sono venuti dal cielo" ed è il plurale della parola Eloha, che significa "colui che è venuto dal cielo", e questo potrebbe generare una certa confusione.

È perciò una parola che significa "coloro che sono venuti dal cielo" che si è osato tradurre erroneamente al singolare con la parola "dio". Questo errore di traduzione rappresenta senza alcun dubbio il più grande inganno di tutti i tempi realizzato sulla Terra.

Evidentemente, per dei primitivi, tutto ciò che proviene dal cielo può essere soltanto "divino". Un uomo del Mato Grosso che vede atterrare un elicottero non può comprendere che un uomo come lui possa volare e costruire una macchina più pesante dell'aria che si alza verso il cielo… Per lui una cosa del genere può essere soltanto soprannaturale, divina.

Gli Elohim crearono gli uomini "a loro immagine", come la Bibbia stessa racconta. In seguito, spaventati dall'aggressività della loro creazione, fecero uscire questi esseri umani dal complesso di laboratori dove tutto era facile per loro e dove essi venivano nutriti e ospitati senza che dovessero fare il minimo sforzo. Questo luogo è chiamato poeticamente il "paradiso terrestre".

In seguito i figli degli Elohim vennero attirati dal fascino delle figlie degli uomini che essi stessi avevano creato. Questo è testualmente descritto nella Bibbia, in *Genesi, VI, 1*: "I figli degli Elohim si accorsero che le figlie degli uomini erano belle. Presero dunque per sé delle donne fra tutte quelle che avevano elette", "…quando i figli di Elohim si accostarono alle figlie degli uomini ed esse generarono loro dei figli, furono questi i famosi eroi dell'antichità". Non si può essere più chiari di così. Il dio onnipotente e immateriale nel quale ci hanno fatto credere ha delle passioni carnali, e la cosa è del tutto normale.

Ciò è descritto a chiare lettere nella Bibbia (*Genesi, III, 22*). In questo passaggio l'uomo apprende, grazie ad alcuni scienziati che lo amano come un figlio, che coloro che egli considera come déi non sono altro che uomini come lui: "ecco che l'uomo è diventato come uno di noi grazie alla scienza…"

Ma il governo del pianeta degli Elohim continuava a pensare che fosse necessario distruggere i pericolosi esseri che erano stati creati sulla Terra. Il gruppo presieduto da uno degli Elohim, chiamato Satana, pensava che dagli esseri umani potesse derivare soltanto del male. Questo gruppo finalmente trionfò e così ebbe luogo la distruzione di ogni forma di vita sulla Terra. Si trattò del "diluvio" che fu in realtà una distruzione ottenuta utilizzando ordigni simili alle nostre bombe atomiche, ma molto più potenti.

Fortunatamente per noi, un piccolo gruppo di Elohim, ritenendo che ci fossero tra gli uomini alcuni esseri buoni che meritavano di sopravvivere, aveva preservato all'interno di un vascello spaziale (l'arca di Noé) alcuni di loro così come alcune specie animali selezionate.

Dopo questo "diluvio" ci fu un nuovo insediamento umano sulla Terra e, a quel punto, gli Elohim scoprirono che essi stessi erano stati creati da esseri venuti da un altro pianeta e che erano, come noi, il frutto di un'esperienza scientifica in laboratorio. Essi decisero allora che mai più avrebbero cercato di distruggere l'Umanità, lasciandola progredire da sola.

Decisero comunque di inviare dei messaggeri con l'incarico di insegnare agli esseri umani le loro origini e di fondare delle religioni le cui scritture sarebbero servite come prova quando gli uomini fossero giunti ad un livello di conoscenza scientifica sufficiente a comprendere senza misticismo com'era avvenuta la creazione della vita sulla Terra. Mosè, Gesù, Buddha, Maometto, furono solo alcuni di questi messaggeri. Gesù, quindi, che era il figlio di uno degli Elohim e di una terrestre, aveva tutto il diritto di dire "mio padre che è nei cieli".

L'epoca nella quale avremmo potuto finalmente comprendere, è proprio quella in cui abbiamo la fortuna di vivere attualmente, l'era dell'Apocalisse nella quale siamo entrati a partire dal 1945. Anche la parola Apocalisse è stata mal tradotta, visto che in greco significa "rivelazione" e non "fine del mondo" come ci hanno voluto far credere.

È stato scritto che l'era dell'Apocalisse sarebbe giunta quando il popolo ebraico avrebbe ritrovato il proprio paese. E proprio nella nostra epoca è stato ricreato lo Stato d'Israele; è stato scritto che l'era dell'Apocalisse sarebbe arrivata quando i ciechi sarebbero stati in grado di vedere, ed ora scienziati americani stanno mettendo a punto una protesi elettronica impiantata sul nervo ottico che permetterà ai ciechi di ritrovare la vista; è stato scritto che l'era dell'Apocalisse sarebbe venuta nel momento in cui l'uomo sarebbe stato in grado di portare la sua voce al di là degli oceani, ed ora grazie alle comunicazioni satellitari è possibile comunicare immediatamente con i quattro angoli del mondo; è stato scritto che l'era dell'Apocalisse sarebbe arrivata quando l'uomo sarebbe stato in grado di eguagliarsi a "dio", il solo capace di creare la vita con materiali inerti, e proprio ora alcuni scienziati stanno sintetizzando in laboratorio, a partire unicamente da elementi chimici, il primo gene umano. Questo permette loro di pensare alla creazione di un essere vivente artificiale, eguagliandosi così a colui che viene chiamato "dio"!!!

Tutto questo è contenuto nel primo libro, certo, molto più in dettaglio...

Nel secondo libro, Rael racconta come gli Elohim lo abbiano nuovamente contattato nell'ottobre del 1975, nel Perigord, e condotto su uno dei pianeti sui quali essi vivono. Egli viaggiò grazie ad uno di quei velivoli che noi chiamiamo "dischi volanti". Qui vide cose straordinarie che a noi potrebbero apparire impossibili o miracolose. Proprio come sarebbe sembrato miracoloso o impossibile a coloro che viaggiavano dall'Europa all'America su delle caravelle all'epoca di Cristoforo Colombo, viaggiare da Parigi a New York in meno di quattro ore su un Concorde. A quel tempo essi impiegavano infatti parecchi mesi per coprire la stessa distanza.

Su questo pianeta egli incontrò i grandi profeti, come Mosé, Gesù, Buddha, Maometto che vengono mantenuti in vita scientificamente e che torneranno sulla Terra, come annunciato in tutti i testi religiosi, in compagnia degli Elohim quando i tempi saranno maturi. Su questo pianeta, chiamato il "pianeta degli Eterni", gli uomini vivono circa settecento anni e, alla loro morte, vengono ricreati a partire da una delle loro cellule, che viene prelevata quando sono ancora in vita e che contiene il codice genetico, vale a dire il piano cellulare di ogni individuo.

Rael poté anche assistere alla creazione di una copia identica di se stesso a partire da una cellula che gli venne prelevata dal centro della fronte e che venne immessa in un'enorme macchina. Egli si trovò così per qualche istante di fronte ad una copia di sé.

In quell'occasione venne a conoscenza del fatto che su questo pianeta vivono ottomilaquattrocento terrestri che sono stati ricreati dopo la loro morte terrestre per viverci eternamente. Questi esseri umani sono stati scelti per le azioni che hanno compiuto durante la loro vita dedicata al risveglio ed al progresso dell'Umanità. In effetti, un enorme computer sorveglia ogni essere umano a partire dal suo concepimento sino alla sua morte, ed annota tutte le sue azioni. Al momento della morte, se il bilancio evidenzia un numero maggiore di azioni positive rispetto a quelle negative, l'essere in questione ha diritto alla vita eterna sul pianeta degli Elohim eterni, in compagnia dei grandi profeti.

Gli Elohim insegnarono a Rael anche una tecnica di meditazione che consente un risveglio totale della mente umana, normalmente utilizzata in minima parte delle sue possibilità. Questa tecnica, chiamata "meditazione sensuale", permette all'uomo di mettersi in rapporto all'infinitamente piccolo che lo compone e all'infinitamente grande che egli compone.

Gli Elohim hanno inoltre spiegato a Rael che sugli atomi degli atomi che ci compongono esiste vita intelligente, altre Umanità, e che la terra e le stelle sono gli atomi di un essere gigantesco il quale, forse, osserva un altro cielo chiedendosi se vi sono altri pianeti abitati... cosa che essi sono giunti a provare scientificamente. Essi hanno anche potuto provare che l'universo è infinito e, visto che è infinito, esso non può avere un centro. Questo dimostra l'inesistenza di un dio e di un'anima che possa uscire dal corpo dopo la morte.

Essi gli hanno detto che, per gli esseri intelligenti che vivono su un atomo della nostra mano, uno dei nostri secondi equivale a parecchi milioni di anni, proprio come la nostra vita terrestre rappresenta soltanto un miliardesimo di miliardesimo di secondo per l'essere gigantesco di cui la nostra terra è soltanto l'atomo di un atomo. E ciò prova l'incomunicabilità esistente tra i diversi livelli dell'infinito nello spazio e sopprime qualunque idea di un "dio" che abbia potere sugli uomini.

Infine, essi hanno spiegato che l'infinito esiste nello spazio, ma anche nel tempo. Nulla si crea, tutto è eterno sia sotto forma di materia che sotto forma di energia, e l'energia non ha alcuna superiorità sulla materia, come invece vogliono farci credere coloro che credono allo "spirito".

Introduzione

Gli Elohim chiesero a Rael di fondare un movimento incaricato di diffondere sulla Terra i messaggi che gli avevano affidato e di edificare sul nostro pianeta un'ambasciata situata possibilmente nei pressi di Gerusalemme dove essi un giorno verranno a prendere contatto ufficialmente con i governanti del nostro mondo.

Il Movimento Raeliano è stato fondato con questo scopo ed ha riunito dal 1979 più di tremila persone che operano nella speranza di assistere un giorno all'edificazione dell'ambasciata e all'arrivo ufficiale dei nostri Creatori.

Le decine di migliaia di persone che hanno letto "Il libro che dice la verità" e "Gli extraterrestri mi hanno portato sul loro pianeta" si sono accorte che tra queste due opere esistono alcune contraddizioni e che, in rapporto alle conoscenze scientifiche attuali, vi sono molti punti che sembrano essere smentiti dalle più recenti scoperte dei ricercatori terrestri.

Quest'opera, nella prima parte, affronta ad una ad una queste apparenti contraddizioni ed apporta in seguito dei nuovi elementi che gli Elohim avevano chiesto a Rael di non rivelare prima che fossero trascorsi tre anni a partire dal loro contatto dell'ottobre del 1975.

I

Domande Ricorrenti

Questo capitolo contiene le domande che i giornalisti hanno rivolto con maggiore frequenza a Rael, in occasione di trasmissioni radiofoniche o televisive che si sono tenute in tutto il mondo, e le risposte che egli ha fornito a queste stesse domande.

Contraddizioni apparenti tra il primo ed il secondo messaggio

Domanda:

La prima contraddizione evidente tra il primo ed il secondo messaggio, si trova sin dall'inizio del dialogo tra lei e l'Eloha. Nel primo messaggio, quando lei chiede se è possibile andare sul loro pianeta, lui le risponde: "No, lei non potrebbe viverci. L'atmosfera è molto diversa dalla sua e lei non è abbastanza preparato per sopportare il viaggio". Eppure, in occasione del secondo incontro, il 7 ottobre 31 (1975), lei è stato condotto su uno dei loro oggetti volanti ed è rimasto per circa ventiquattro ore sul pianeta degli eterni. Si può inoltre notare che, in occasione del primo contatto, l'ordigno era apparso molto lentamente; inizialmente una luce rossa intermittente a qualche decina di metri di altitudine che scendeva lentamente, poi, una volta che l'ordigno si trovò abbastanza in basso da poter essere visibile, apparve una luce violenta, bianca, intermittente in alto. Invece nel momento preciso del contatto per la consegna del secondo messaggio, il velivolo apparve immediatamente dietro la boscaglia del Roc Plat, senza la minima luce intermittente, raso terra. E anche quando venne riportato indietro, questo ordigno scomparve istantaneamente dopo che lei fu sceso, come se si fosse disintegrato.

Altra contraddizione: quando ci fu il primo contatto, l' Eloha aveva il viso circondato da una sorta di alone, che egli spiegò successivamente essere una specie di scafandro composto di onde, mentre in occasione dell'incontro più recente non aveva più nulla intorno al suo viso. Questa contraddizione, del resto, viene rafforzata da ciò che viene detto alla pagina 51 del primo messaggio: "Tu non puoi vedere il mio volto, poiché l'uomo non può vedere il mio volto e vivere" (*Esodo, XXXIII, 20*) e tale citazione biblica viene così spiegata: "Se l'uomo venisse sul nostro pianeta, vi vedrebbe delle creature senza scafandro, ma morirebbe poiché l'atmosfera non gli è confacente". Come spiega tali contraddizioni?

RISPOSTA DI RAEL:

La spiegazione di queste apparenti contraddizioni è molto semplice e può riassumersi in una sola parola: psicologia. Nel momento in cui decidiamo di recarci su di un pianeta primitivo e di prendere contatto con un essere vivente creato per portare a termine una missione ben precisa, dobbiamo prendere alcune precauzioni per non danneggiare irreversibilmente il suo equilibrio psichico. Veder apparire nel cielo una macchina dotata di luci intermittenti non è traumatizzante per un uomo che vive in uno dei paesi scientificamente evoluti della nostra epoca. Egli è più o meno abituato a vedere in televisione dei satelliti, dei missili, egli ha già visto degli aerei o degli elicotteri veri sin dalla sua infanzia, e comprende, più o meno, come possano funzionare. Il modo migliore per mostrarsi a lui senza spaventarlo troppo, è quello di avvicinarlo progressivamente con un velivolo dotato di luci intermittenti, proprio come le macchine volanti che egli ben conosce. Egli troverà la cosa normale e sarà sorpreso soltanto dall'assenza di rumore per un oggetto volante dall'apparenza metallica e dunque molto pesante. In seguito, l'essere che gli apparirà dovrà avere un abbigliamento simile a quello che egli considera come l'abbigliamento tipico di un pilota di una macchina volante o di un cosmonauta. Lo scafandro attorno al viso lo rassicurerà ricordandogli i piloti dei velivoli terrestri che conosce relativamente bene. Così si giungerà ad ottenere l'obiettivo prefissato: non far perdere la testa a colui che viene contattato, pur mostrandogli delle tecnologie che i terrestri sono incapaci di utilizzare, allo scopo di fargli comprendere comunque che ciò che sta scoprendo è di origine extraterrestre.

Durante il secondo incontro, l'apparizione del velivolo fu brutale. Gli Elohim infatti utilizzarono senza alcun camuffamento la loro tecnologia di fronte ad un testimone che essi ritenevano essere abbastanza preparato psicologicamente, in grado quindi di non restare traumatizzato.

Se essi mi fossero apparsi così brutalmente, dal primo incontro, lo choc sarebbe stato troppo grave ed il mio equilibrio psichico ne sarebbe risultato troppo perturbato; a quel tempo infatti non mi aspettavo nulla del genere. Però, malgrado tutte le loro precauzioni, lo choc nervoso mi provocò un inizio d'ulcera allo stomaco e mi ci vollero diversi mesi per guarire. Il messaggio era "dolce nella mia bocca, ma amaro nel mio ventre"… Sarebbe stato molto più grave senza le precauzioni che presero.

Fino alla nostra epoca, i nostri creatori apparivano allo scopo di impressionare al massimo le loro creature incapaci di comprendere chi fossero questi esseri venuti dal cielo. La loro principale preoccupazione era quella di fare in modo che gli uomini credessero in loro, anche se non comprendevano nulla. Adesso che siamo nell'Era dell'Apocalisse che significa, ricordiamolo, "l'Era della Rivelazione", vale a dire l'era in cui tutto può essere compreso, e non "fine del mondo" come vogliono farci credere e come voi potete verificare in un qualsiasi dizionario, essi hanno deciso di apparire cercando di essere compresi e riconosciuti come nostri creatori. Essi sono coloro di cui parlano tutti gli scritti religiosi della Terra, compresa la Bibbia, nella quale vengono chiamati Elohim.

Essi hanno dettato la Bibbia ai primi uomini allo scopo di essere riconosciuti nella nostra epoca, dopo che fossero trascorsi dei millenni e che la conoscenza umana fosse progredita a sufficienza perché gli esseri umani potessero guardare ciò che viene dal cielo senza più inginocchiarsi per pregare, gridando "al miracolo"…

Infine, non bisogna dimenticare che gli Elohim avevano deciso di mettermi alla prova prima di darmi integralmente il messaggio. Essi hanno dunque proceduto molto progressivamente.

Di fronte alla mia insistenza nel voler fare un viaggio a bordo del loro vascello spaziale, per evitare qualunque altra domanda, mi hanno risposto che era impossibile, come quando si dice ad un bambino che se beve dell'alcool non crescerà più. Ed hanno aggiunto ad esempio, il versetto dell'Esodo che si rivolgeva a dei primitivi da tenere in disparte. Quei primitivi che dovevano soprattutto credere senza cercare di comprendere.

Datazione dell'opera degli Elohim

DOMANDA:

Gli Elohim dicono di aver creato la vita sulla Terra venticinquemila anni fa. Come è possibile che si trovino tracce od ossa di animali vecchi di diverse centinaia di migliaia di anni?

RISPOSTA DI RAEL:

Gli Elohim spiegano bene che non hanno fabbricato il nostro pianeta. Quando decisero di portare avanti i loro esperimenti di creazione della vita in laboratorio, ricercarono nell'universo un pianeta dotato di un'atmosfera che permettesse loro di lavorarci. Venne scelta la Terra, dopo che molti test ed analisi ebbero esito positivo. Solo allora vennero sul nostro pianeta e vi crearono tutte le forme di vita che noi conosciamo, compreso l'uomo.

Ciò non vuol dire che, dieci o ventimila anni prima del loro arrivo, non esistesse sulla Terra un'altra creazione che fu distrutta da una catastrofe naturale o artificiale.

Immaginate che domani scoppi una guerra atomica. Ogni forma di vita ne risulterebbe distrutta. Immaginate che, fra una decina di migliaia di anni, degli extraterrestri giungano per creare dei nuovi organismi viventi intelligenti. Dopo un lento progresso scientifico, queste creature scoprirebbero delle tracce della nostra civiltà distrutta e sarebbero tentate di rifiutarsi di credere che degli esseri venuti dal cielo le abbiano create. Esse fornirebbero, come prova dell'impossibilità di una tale spiegazione, la scoperta di ossa vecchie di oltre venticinquemila anni, vale a dire le nostre. Troverebbero i resti di chi li ha preceduti e, perché no, di quei mammut che noi ancora ritroviamo e di cui potrebbero essere ancora rimasti dei resti... Poiché la vita che esiste attualmente sulla Terra non è la prima ad essere stata creata e non sarà l'ultima che sarà creata. C'è stata un'infinità di creazioni sul nostro pianeta e c'è anche stata un'infinità di distruzioni dovute per la maggior parte alla mancanza di saggezza di coloro che erano l'equivalente della nostra Umanità.

Il popolo d'Israele e gli Ebrei

DOMANDA:

A pagina 34 del primo messaggio è scritto che il popolo di Israele venne eletto in occasione di un concorso organizzato dagli Elohim, dal momento che si trattava del genere umano più riuscito dal punto di vista dell'intelligenza e della genialità. Ora, a pagina 84 del secondo messaggio è scritto: "Gli Ebrei sono i nostri discendenti diretti sulla Terra. È per questo che un particolare destino è loro riservato. Essi sono i discendenti dei figli degli Elohim e delle figlie degli uomini di cui si parla nella Genesi". Questo non è contraddittorio?

RISPOSTA:

Il popolo che venne eletto dai nostri creatori, gli Elohim, come il più riuscito, era il popolo d'Israele, il popolo che era stato creato nel laboratorio situato in questa regione del nostro pianeta. E forse è proprio perché questo popolo era il più riuscito che i figli degli Elohim si lasciarono tentare dalle sue figlie ed ebbero con loro dei bambini dai quali discende effettivamente il popolo ebraico. È così che la razza che popolava la terra di Israele divenne il popolo ebraico.

Il Movimento Raeliano e il denaro

DOMANDA:

A pagina 111 del primo messaggio è scritto: "Nessuno può assoggettarsi a due signori: poiché o detesterà l'uno e amerà l'altro, oppure si legherà ad uno e disprezzerà l'altro. Voi non potete assoggettarvi sia a Dio che a Mammona. Non accumulate tesori sulla Terra" (*Matteo, VI*) e il Vaticano viene vigorosamente attaccato per le sue ricchezze. Anche il Movimento Raeliano chiede denaro ai suoi membri. Questo non significa ricadere nello stesso errore del Vaticano?

Risposta:

Non bisogna paragonare coloro che vivono nel lusso e nell'opulenza, raccomandando ai loro fedeli di vivere poveramente e che utilizzano il denaro dei poveri per mantenere una miriade di vescovi e di cardinali, per aumentare incessantemente i loro investimenti immobiliari, per mantenere un antico palazzo con guardie che portano l'alabarda. Non bisogna paragonare questi usurpatori romani con un movimento che non ha e non avrà mai un clero pagato, che non ha e non avrà mai i tre quarti delle case e degli immobili di una capitale dove le persone hanno difficoltà a trovare un alloggio, com'è il caso di Roma, rifiutando di affittarli perché non perdano valore, che non ha e non avrà mai un palazzo principesco che crolla sotto il peso di oro ed argento.

Noi effettivamente abbiamo bisogno di molto denaro, ma per raggiungere degli obiettivi ben precisi:

1° Tradurre i messaggi degli Elohim in tutte le lingue e portarli a conoscenza di tutti i popoli della Terra.

2° Edificare l'ambasciata nella quale gli Elohim verranno a prendere contatto ufficialmente con gli uomini, ambasciata che non sarà né un palazzo principesco né una cattedrale, ma una semplice casa dotata dei comfort ai quali ogni uomo ai nostri giorni ha diritto, e dell'immunità diplomatica alla quale anche il più piccolo Stato della Terra ha diritto all'interno delle sue ambasciate.

Infine, se riuscissimo fortunatamente a raccogliere più denaro di quanto serve per realizzare i due obiettivi che ho appena citato in un tempo molto rapido, più rapido di quanto ce ne vorrebbe per diffondere i messaggi su tutto il pianeta, noi utilizzeremo il denaro in eccedenza per costruire nei pressi dell'ambasciata un centro di ricerca dove riuniremo tutti gli scienziati desiderosi di lavorare alla creazione della vita in laboratorio. Questo permetterà all'uomo di eguagliarsi ai propri creatori, di creare dei robot biologici grazie ai quali verranno soppressi il lavoro e, di conseguenza, il denaro. Creeremo anche anche una scuola riservata ai geni e ai superdotati.

I ricercatori potrebbero lavorarvi liberi dalle costrizioni dei laboratori sfruttati dai trust multinazionali e da quei soffocatori di geni che sono gli organismi di stato. Essi avrebbero così la possibilità di lavorare senza timore di vedere le proprie scoperte cadere nelle mani dei poteri politico-militari che cercano di utilizzarle per farne delle armi sempre più micidiali.

Nulla di costante nel tempo e nello spazio

Domanda:

A pagina 114 del primo messaggio è scritto che il pianeta degli Elohim è situato a un po' meno di un anno luce dalla Terra, cioè la distanza che può percorrere la luce in un anno, oppure novemila miliardi di chilometri circa, dal momento che la luce si sposta a circa trecentomila chilometri al secondo. Gli scienziati terrestri di oggi dicono che la stella più vicina al di fuori del nostro sistema solare è situata a circa quattro anni luce. Come spiegare questa differenza?

Risposta:

Gli Elohim non vogliono assolutamente che noi sappiamo dov'è situato il loro pianeta e le loro precauzioni sono comprensibili, visto l'accanimento distruttore degli uomini (anche se il livello di conoscenza sulla Terra è ancora molto primitivo…). Tutto ciò sarà rivelato con esattezza quando essi verranno ufficialmente nell'ambasciata che noi dobbiamo edificare per accoglierli. Nell'attesa, non possiamo fare altro che porci delle domande. Alcuni scienziati, membri del nostro Movimento, hanno ipotizzato che la distanza tra il loro pianeta ed il nostro sarebbe proprio di quattro anni luce, seguendo la luce che si sposta seguendo una curva molto pronunciata, ma sarebbe soltanto di un anno luce se seguissimo una traiettoria lineare e non la curvatura delle onde luminose. Questa è una possibilità.

Aggiungerei che la luce non si sposta alla stessa velocità in tutti gli strati dell'universo, poiché nulla è costante nel tempo e nello spazio. E siamo qui di fronte ad uno degli errori più importanti dei nostri scienziati di oggi, vale a dire partire da una osservazione eseguita in un tempo ridotto per trarre delle conclusioni riguardanti i millenni passati o a venire, o su di uno spazio ridotto per trarre delle conclusioni che riguardano lo spazio infinito. L'uomo ha sempre commesso l'errore di giudicare in rapporto alle proprie conoscenze. La Terra era per forza piatta per coloro che si basavano sulla linea dell'orizzonte…

Questo vale anche per le datazioni effettuate dall'uomo basate sul metodo del carbonio 14, sia sui metodi che poggiano sulla radioattività, il potassio argon, l'uranio-piombo-torio o su qualunque altro metodo di questo genere. D'altro canto, esiste un'opera molto importante che sviluppa con serietà tutti questi argomenti e potrebbe essere di interesse per gli scienziati. Parlo di "Evoluzione o Creazione" (vedere bibliografia alla fine dell'opera). In breve, l'errore di questi metodi di datazione è quello di partire dal principio che il comportamento atomico attuale sia sempre stato costante. Partendo da questo presupposto, si effettuano calcoli le cui basi sono falsate, poiché nulla è costante nell'universo, né nello spazio né nel tempo.

Per fornire un'immagine che illustri un simile errore, si può portare l'esempio di un essere di venticinque anni di cui si misurerebbe la crescita in un anno, vale a dire un millimetro circa per alcuni soggetti; partendo da qui, si potrebbe considerare che l'uomo in questione ha millesettecentocinquanta anni poiché egli è alto un metro e settantacinque... Ci si dimenticherebbe così che la crescita di questo giovane non è mai stata costante, il primo anno più di cinquecento millimetri (dal suo concepimento), tra quattro e cinque anni solamente sessanta millimetri, tra sette ed otto anni soltanto trenta millimetri, ma tra i quattordici e i quindici anni nuovamente ottanta millimetri!

Come potete vedere, non esiste alcuna costante e qualsiasi tentativo per definire l'età del soggetto, partendo da un'osservazione parziale della crescita, sarebbe un fallimento totale. Si può anche notare che, se ci basassimo sulla misurazione dei sessanta centimetri di crescita propri del primo anno di vita per calcolare l'età del soggetto fra ventun'anni, potremmo prevedere che a quell'età quest'individuo sarà alto dodici metri e sessanta...

DOMANDA:

A pagina 28 del primo messaggio è scritto che gli Elohim hanno creato il continente originale venticinque mila anni fa, dal quale si sono poi staccati dei frammenti che si sono allontanati e che formano i continenti che conosciamo attualmente, i quali vanno ancora alla deriva. Il continente americano continua ad allontanarsi dall'Europa di alcuni millimetri ogni anno secondo alcuni scienziati, di un metro secondo altri. Comunque sia, anche se si trattasse di un metro, nel giro di venticinque mila anni si giungerebbe a venticinquemila metri di spostamento, vale a dire venticinque chilometri, mentre l'America del Nord è a parecchie migliaia di chilometri dalle coste europee. Come spiegare ciò?

Risposta:

La risposta a questa domanda è esattamente la stessa rispetto alla precedente. Per quanto riguarda la crescita di un essere umano, il rapporto tra la crescita del primo anno e quella del ventunesimo anno è di seicento a uno, ed è migliaia di volte più importante per ciò che riguarda l'allontanamento dei continenti. Qui, ancora una volta, nulla è costante né nel tempo né nello spazio.

Attualmente i continenti si allontanano forse di alcuni centimetri l'anno. All'inizio, si allontanavano di parecchie centinaia di chilometri ogni anno. Recentemente si è verificato un terremoto nei pressi della penisola arabica e si è avuta la sorpresa di constatare che si era creata una faglia che ha allontanato le due regioni di oltre un metro nell'arco di una sola notte! Eppure noi ci troviamo in un periodo della storia della Terra relativamente calmo, gli effetti della "tempesta" della creazione del continente originale ad opera dei nostri padri ha avuto il tempo di smorzarsi nell'arco di venticinque millenni.

Nell'infinito del tempo e dello spazio, nulla è costante né nella materia, né nell'energia.

Trasmissione del piano cellulare ed osso frontale

Domanda:

Viene richiesto a tutti coloro che riconoscono Rael come l'inviato dei nostri creatori, gli Elohim, e dunque come l'ultimo dei Profeti, di far effettuare la trasmissione del loro piano cellulare da Rael stesso o da una guida da lui abilitata ad officiare. Questo perché il codice genetico di ogni raeliano venga preservato allo scopo di permettere una eventuale ricreazione sul pianeta degli eterni. Viene anche chiesto ad ogni raeliano di dare le proprie disposizioni testamentarie affinché il suo osso frontale venga inviato, dopo la sua morte, alla Guida delle Guide. A cosa serve questo, se la trasmissione del piano cellulare ha già avuto luogo?

Risposta:

La trasmissione del piano cellulare è un riconoscimento degli Elohim come nostri creatori effettuata da ogni raeliano mentre è in vita, la conservazione dell'osso frontale è un riconoscimento degli Elohim come nostri creatori effettuata attraverso la morte. L'insieme costituisce un riconoscimento "per la vita e per la morte". Il piano cellulare, o codice genetico, di ogni individuo è registrato in un immenso computer che contabilizza tutte le nostre azioni durante la nostra vita, a partire dal nostro concepimento, dall'incontro dell'ovulo con lo spermatozoo, momento in cui ha luogo la creazione di un nuovo codice genetico, dunque di un nuovo individuo. Costui verrà poi seguito durante tutta la sua esistenza ed annotato alla fine della sua vita in funzione del comportamento che egli avrà avuto, per sapere se avrà diritto alla vita eterna sul pianeta dove gli Elohim accettano tra loro gli uomini più coscienti.

Domanda:

Cosa succederebbe ad un raeliano che morisse in un incidente ed il cui corpo fosse interamente distrutto?

Risposta:

Se il raeliano in questione ha preso disposizioni testamentarie chiedendo che il suo osso frontale venga inviato alla Guida delle

Guide, non c'è alcun problema poiché questo è stato registrato dal computer che sorveglia ognuno di noi durante tutta l'esistenza. In ogni caso, non c'è alcun problema per i raeliani che muoiono senza che le autorità non rispettino le loro ultime volontà rifiutandosi di effettuare il prelievo del suddetto osso frontale. L'importante è che ogni raeliano disponga il proprio testamento in questo senso.

Quando ci saranno milioni di raeliani, i governi saranno certamente obbligati a fare in modo che le loro ultime volontà vengano rispettate. Anche le ultime volontà dei primi cristiani non sono state affatto rispettate fino a quando erano una minoranza. Il raelismo sarà la religione dominante nel mondo del terzo millennio. E a quel punto le ultime volontà dei raeliani verranno rispettate.

Domanda:

La maggior parte della gente muore vecchia. Si viene ricreati vecchi e si deve in questo caso vivere eternamente vecchi?

Risposta:

Evidentemente no. Un uomo che ha la fortuna di essere ricreato per vivere eternamente sul pianeta degli Eterni, viene ricreato giovane, con un corpo nel pieno possesso delle sue forze e dei suoi mezzi. Ad ogni ricreazione, egli sarà ricreato allo stesso modo. Eternamente.

Domanda:

Sta scritto che solo coloro che vi seguono saranno salvati. Se un uomo conduce una vita volta alla felicità e allo sboccio dell'Umanità, ma non ha mai sentito parlare dei messaggi degli Elohim, non ha alcuna possibilità di essere salvato?

Risposta:

Quest'uomo è tra i giusti e sarà salvato. Questa parte dei messaggi riguarda coloro che hanno preso conoscenza del loro contenuto. Tra costoro, verranno salvati solo quelli che avranno deciso di seguire le direttive date dai nostri creatori. Ma se sulla Terra ci sono uomini che vivono cercando prima di tutto di far progredire l'Umanità o di aiutare il loro prossimo al massimo delle loro possibilità e che muoiono senza aver preso conoscenza del messaggio dei nostri padri, essi saranno tra i giusti e saranno salvati.

Sarà perdonato più facilmente colui che non conosce i messaggi e che agisce positivamente piuttosto che colui che li conosce. Perché quest'ultimo non ha alcuna scusante per non aver modificato la propria condotta o per non aver fatto ancora maggiore attenzione alle proprie azioni.

La terra è un atomo del dito di Dio?

Domanda:

Il messaggio spiega che il nostro pianeta è soltanto un atomo dell'essere gigantesco di cui noi siamo una parte, esattamente come c'è della vita intelligente sugli atomi degli atomi che ci compongono. Ma il grande essere di cui la Terra non è che un atomo e di cui noi non siamo che una parte non può essere considerato come Dio?

Risposta:

Tutto dipende da ciò che si intende con la parola "dio". Se pensiamo all'infinito, sì, ma solamente in parte, poiché quest'essere gigantesco di cui noi siamo una parte vive anche lui su un pianeta che è un atomo di un essere gigantesco e così di seguito all'infinito. Se si intende con "dio" un essere che abbia potere su di noi, niente affatto. Poiché non esiste alcun dio.

L'essere infinitamente grande di cui la Terra è soltanto un atomo non ha alcun potere su di noi, poiché non bisogna dimenticare che per lui il tempo passa molto più lentamente. Il lasso di tempo in cui lui semplicemente pensa a qualcosa, corrisponde per noi a dei millenni. Il lasso di tempo in cui gli esseri viventi su uno degli atomi dei nostri atomi pensano a qualcosa, corrisponde per noi ad un miliardesimo di miliardesimo di secondo.

Questo essere infinitamente piccolo potrebbe pensare che noi siamo "dio", ed avrebbe torto come abbiamo torto noi se considerassimo che l'essere che costituiamo sia qualcosa di divino. L'universo, essendo infinito, non può avere un centro, il che esclude la possibilità dell'esistenza di un dio onnipotente ed onnipresente.

L'infinito è onnipresente, noi ne siamo una parte ed egli è parte di noi, ma egli non ha alcun potere su di noi e si burla "infinitamente" delle nostre decisioni e dei nostri comportamenti. Infine, nulla ci dice che il grande essere di cui noi siamo solo i parassiti di una parte sia un uomo… potrebbe benissimo trattarsi di un cane o di un lombrico.

La sola cosa che gli Elohim hanno potuto provare è che si tratta di qualche cosa di vivente.

L'arca di Noé : un vascello spaziale

Domanda:

Nei messaggi si dice che l'arca di Noé fosse un vascello spaziale. Ma alcuni anni fa sono stati ritrovati, su di un ghiacciaio del monte

Ararat, i resti di un battello che alcuni hanno pensato fossero i rottami provenienti dall'arca di Noé che sarebbe dunque una nave. Come spiegare ciò?

Risposta:

I pezzi di legno che sono stati ritrovati sono stati recentemente analizzati e ci si è accorti che questi resti risalgono a settecento anni fa, il che farebbe risalire quest'arca di Noé al periodo intorno all'anno 1200. Anche se si ammettesse che i sistemi di datazione facciano enormi errori e si moltiplicasse la datazione per tre, si otterrebbero circa duemila anni, il che collocherebbe il diluvio all'inizio dell'era cristiana e la cosa non va.

Al limite, anche se un giorno si ritrovassero i resti di una nave di legno risalente a circa cinquemila anni fa, il che corrisponderebbe al periodo del "diluvio" reale, questo non proverebbe lo stesso che l'arca di Noé fosse una barca di legno. Certamente si troveranno, nei pressi del monte Ararat, dei pezzi di barche in legno risalenti all'epoca del vero diluvio poiché, quando Noé costruì il suo vascello spaziale destinato a salvare alcuni uomini dalla distruzione, c'erano nei porti del suo paese delle barche con lo scafo in legno che furono portate lontano da enormi maremoti in occasione delle enormi esplosioni che dovevano distruggere ogni forma di vita sulla terra.

Proprio come oggi in Florida si possono vedere, non lontano dai missili americani più moderni che conducono i cosmonauti sulla luna, magnifiche barche a vela con lo scafo in legno e meravigliosi yacht appartenenti ai miliardari americani.

In caso di guerra atomica, alcune esplosioni potrebbero provocare dei grandi maremoti che trasporterebbero queste navi sulle montagne più vicine come dei fuscelli di paglia.

Gli eventuali sopravvissuti, ritrovando alcuni secoli più tardi i resti di queste barche, potrebbero pensare che si sia dovuto verificare un grande diluvio per portarle fin lassù… e visto quello che alcuni scritti riportano affermando che alcuni uomini sono stati salvati da questo diluvio e che sono stati preservati a bordo di un vascello, sarebbero allora certi che si tratti proprio del vascello in questione.

C'è un punto molto importante che permette di capire bene che il diluvio non è stato il risultato di una pioggia continua come la si rappresenta solitamente, bensì il frutto di un colossale cataclisma che ha completamente e brutalmente cambiato la superficie terrestre. Se si fosse trattato semplicemente di una pioggia ininterrotta, tutte le barche si sarebbero salvate, e dunque tutti i marinai e i navigatori dell'epoca sarebbero sopravvissuti senza il minimo problema.

È però chiaramente scritto che soltanto coloro che erano nel vascello di Noé sono sopravvissuti, e questo è del tutto normale poiché era il solo vascello… spaziale!

La vita dopo la vita o il sogno e la realtà

Domanda:

Recentemente è uscito un libro che raccoglie le testimonianze di persone andate in coma, ma che sono tornate in vita, e che raccontano più o meno le stesse visioni avute all'approssimarsi della morte: visione di persone armoniose che cantano, con abiti bianchi, visione di persone scomparse, ecc. Voi dite che dopo la morte non c'è nulla se gli Elohim non intervengono per ricreare coloro che muoiono. Come spiegate questa concordanza di testimonianze, e questo non proverebbe l'esistenza di un'anima?

Risposta:

Tutto ciò che succede nel cervello umano è soltanto frutto di reazioni elettrochimiche. Che si tratti di amore, di odio, di piacere, di sofferenza, di immaginazione o di qualunque altro stato mentale, sentimento o malattia, il processo riposa in tutti i casi su delle reazioni chimiche che si producono all'interno del cervello e conseguenti a dei messaggi elettrici, siano essi visivi, uditivi, poggianti sulla memoria o su un'interpretazione di fatti nuovi grazie ad elementi che si hanno in memoria.

Quando un essere umano respira molto forte e con rapidità, si sente in breve tempo inebriato. Se si fa fare la stessa cosa a cento persone, le loro testimonianze concorderanno. Se si fanno correre cento persone per un chilometro, esse saranno ancora una volta tutte senza fiato. Ad un dato fenomeno corrisponde una data reazione fisica che sarà la stessa per tutti.

Quando un individuo cade in coma, il suo cervello è irrigato dal sangue in un certo modo, le cellule del suo cervello sono dunque ossigenate in un certo modo, e questi dati chimici producono alcune reazioni che sono all'incirca le stesse per tutti. Se si mette dell'acido sul calcare, si otterrà sempre della schiuma. Se si batte abbastanza forte sulla testa di cento persone affinché cadano in coma, tutte avranno l'impressione di aver visto la stessa cosa. In effetti esse non faranno altro che descrivere ciò che il loro cervello ha conservato in memoria a partire dalle reazioni chimiche che ha subito. È un po' come quando uno sogna. A nessuno verrebbe l'idea di dire che ha sognato di essere inseguito da un toro alto dieci metri che sputava fiamme e, dopo aver incontrato altre dieci persone che hanno fatto esattamente lo stesso sogno, affermare che questa è la prova dell'esistenza di tori alti dieci metri che sputano fiamme... Tutti più o meno abbiamo sognato di poter volare dando semplicemente una piccola spinta con la punta dei piedi, ma a nessuno verrebbe in mente di credere che questo sia realmente sufficiente a fare un giro con le rondini, oppure che ciò debba essere possibile poiché milioni di persone lo hanno sognato… Non bisogna prendere i propri sogni come realtà, anche se ci si deve sforzare di realizzarli tecnicamente utilizzando la scienza e costruendo apparecchi che permettono, ad esempio, di volare realmente un giorno.

Non è affatto sorprendente che tutte le persone che sono state in coma ricordino di essersi trovate in uno stato di benessere e di non aver avuto alcuna voglia di rientrare "nel loro corpo" in questi momenti. Sarebbe più giusto dire che essi non avevano voglia di riprendere coscienza del loro corpo, proprio come quando si fa un sogno molto piacevole e si cerca di riprendere sonno per ritrovare la beatitudine che si viveva in compagnia di un essere del sesso opposto, ad esempio.

Il fatto che tutti gli ex-comatosi descrivano più o meno la stessa cosa, prova proprio che si tratta di reazioni chimiche identiche che si producono nei cervelli umani, dunque identici anch'essi nelle loro reazioni ai fenomeni elettrici. Se vengono impiantati degli elettrodi in mille cervelli umani, nella stessa zona, e si invia un impulso elettrico, essi sentiranno tutti la stessa sensazione ed avranno le stesse visioni. È esattamente ciò che si produce al momento della morte.

Se alcuni privilegiati hanno diritto alla ricreazione sul pianeta degli Eterni dopo la loro morte, questo accade quando la morte è reale, totale, e non succede nulla fino a quando un essere, anche in stato di coma, rimane in vita.

Il livello di evoluzione scientifica degli Elohim

Domanda:

Non sembra esistere un divario di civiltà tanto grande da immaginare che gli Elohim si trovino venticinquemila anni avanti rispetto a noi. Si ha l'impressione che ciò che essi fanno, noi impiegheremo meno tempo per realizzarlo. Come mai?

Risposta:

Per riferire ciò che avevo visto ho utilizzato delle parole che gli uomini di oggi possono comprendere, mettendomi psicologicamente alla portata della maggior parte di coloro che vivono nei paesi tecnologicamente sviluppati. Infatti le capacità ed il livello tecnologico degli Elohim sono inimmaginabili. Ciò che noi facciamo alla fine del XX secolo dell'era cristiana, apparirebbe miracoloso agli occhi degli Europei che vivevano appena un centinaio di anni fa e agli Indiani dell'Amazzonia che vivono ancora oggi nelle loro foreste. Ma ciò che possono fare i nostri creatori apparirebbe altrettanto miracoloso agli occhi dei nostri scienziati più evoluti, se gli Elohim lo mostrassero loro. Essi normalmente non faranno nulla del genere, poiché non vogliono farci ricadere in un contesto di incomprensione che sfocerebbe fatalmente in una rivalorizzazione di credenze che generano religioni primitive. Essi si augurano che noi continuiamo innanzitutto a cercare di comprendere la materia e le forze che ci circondano con le nostre sole forze.

Proprio come all'inizio mi sono apparsi con delle luci intermittenti e con uno scafandro per non disorientarmi troppo, pur essendo in grado di apparire istantaneamente raso terra come in occasione del secondo incontro del Roc Plat, così potrebbero mostrare agli uomini delle prodezze tecniche che nemmeno i più immaginativi degli scienziati riuscirebbero a capire soltanto con i mezzi a loro disposizione.

Ad esempio, sono in grado di fare, con le particelle infinitamente grandi che sono i pianeti ed i sistemi solari tutti interi, ciò che noi facciamo ancora con molta difficoltà con particelle dell'infinitamente piccolo, come gli elettroni o i neutroni. Voglio dire che sono in grado di modificare le traiettorie dei pianeti di certi sistemi solari ed anche di spostare degli interi sistemi solari. Questo, utilizzando onde che noi non conosciamo ancora.

Per ritornare a ciò che è descritto nei primi due messaggi, bisogna comunque riconoscere che tra il livello della nostra scienza terrestre attuale e la padronanza della ricreazione scientifica che permette di avere la vita eterna, per fare soltanto un esempio, esiste ancora un passo che i nostri scienziati impiegheranno molto tempo a fare, anche se la cosa non è totalmente inconcepibile per i più aperti.

Né dio, né anima, ma Elohim e codice genetico

Domanda:

Nei Messaggi è scritto che dio non esiste, essendo l'universo infinito e non potendo dunque avere un centro, e che non c'è anima, in parte per le stesse ragioni. Ma non si può ritenere che gli Elohim sostituiscano dio nella mente di molti raeliani e che la possibilità di essere ricreati sul pianeta degli Eterni sostituisca la nozione "di anima" che per l'appunto consente di aver accesso al "paradiso"?

Risposta:

Effettivamente dio non esiste, essendo l'universo infinito e non potendo l'infinito avere un centro per definizione, proprio perché è infinito. Conviene fare una differenza fra coloro nella cui mente "dio" è un concetto che significa nei fatti l'infinito, dunque qualcosa di eterno, di onnipresente e di impalpabile ma che non ha alcun potere sugli individui che noi siamo, e coloro che nascondono dietro alla parola "dio" un essere dalla barba bianca seduto su una nuvola che avrebbe creato gli uomini a propria immagine.

Sin dalle origini infatti, c'è stato un amalgama tra due concezioni, tra due cose completamente diverse che sono state inglobate sotto la stessa denominazione che io qualificherei come incontrollata… Gli Elohim hanno spiegato ai primi uomini che da una parte c'era l'infinito, presente ovunque, eterno, di cui noi siamo una parte e che è parte di noi, e dall'altra loro, gli Elohim, che ci hanno creato a loro immagine.

Poco a poco, sono state attribuite agli Elohim le proprietà dell'infinito e questo è in parte vero poiché essi sono Eterni. All'infinito è stato anche attribuito il potere di manifestarsi inviandoci dei messaggeri celesti, i nostri creatori, cosa anch'essa in parte vera poiché gli Elohim sono un po' lo strumento dell'infinito nella loro creazione di esseri intelligenti a loro somiglianza. Ma l'infinito non ci osserva direttamente, continuamente, e non ha in sé alcuna coscienza delle nostre azioni individuali. Per l'infinito, che l'Umanità entri nell'era d'oro o si autodistrugga, la cosa non ha alcuna importanza, non più di quanta ne abbia per noi la molecola del nostro dito che lasciamo su una stoffa mentre l'accarezziamo. In rapporto all'infinito, è naturale che esista una selezione a tutti i livelli, tanto per l'uomo o il cane di cui la nostra terra è soltanto un atomo del cranio o dell'unghia, quanto per il sole che li illumina o per i miliardi di pianeti abitati che sono nell'unghia del nostro pollice.

Coloro che pensano che "dio" è l'infinito, come insegna la maggior parte delle religioni orientali, hanno ragione, purché nelle loro teste si tratti di un concetto senza identità e senza alcuna coscienza della nostra personale esistenza né di qualunque altra cosa.

Le persone che identificano "dio" con i nostri creatori, gli Elohim, non hanno affatto torto purché esse non ne facciano degli esseri da venerare in ginocchio o a pancia in giù, ma dei fratelli maggiori dell'infinito che dobbiamo amare come noi ci augureremmo di essere amati da coloro che un giorno creeremo.

Quanto all' "anima", si tratta di un concetto del quale è necessario ritrovare l'etimologia per ben comprendere. La parola "anima" proviene dal latino "anima" che significa "soffio di vita" o "ciò che anima". Si può analizzare la composizione esatta del corpo umano e poi mischiare insieme tutti questi componenti chimici, ma non per questo si otterrà un essere vivente. Mancherà quel qualcosa che sia in grado di fare in modo che tutta questa materia si riunisca, si articoli, si organizzi secondo un piano ben definito. Possiamo prendere tutto il materiale che costituisce la casa che ci piacerebbe avere, una decina di tonnellate di pietre, una tonnellata di cemento, cento chili di colore, due lavabo, una vasca da bagno, ecc., ed ammassare il tutto. Non per questo si otterrà una casa. Mancherà la cosa più importante: il progetto. Per l'uomo si tratta esattamente della stessa cosa: occorre un progetto. E questo progetto è il codice genetico che fa sì che, assemblando una quantità minima di materia in modo da formare una prima cellula contenente un piano cellulare, si possa considerare l'uomo praticamente terminato. Questa prima cellula si servirà della materia che le viene fornita come nutrimento per dividersi in due, poi in quattro, poi in otto cellule e così di seguito, seguendo un piano preciso fino a quando tutte le informazioni contenute nel "manuale d'istruzione" genetico siano state realizzate.

Ogni essere vivente possiede questo codice genetico che differisce a seconda delle specie ed anche a seconda degli individui appartenenti alla stessa specie per certi dettagli, come il colore degli occhi, dei capelli, il carattere, ecc. Anche la Bibbia dice molto chiaramente che ogni essere vivente possiede "un'anima" e non soltanto gli uomini: "Voi non mangerete la carne che ha in sé il suo sangue. Certamente del sangue vostro, ossia della vita vostra, io domanderò conto: ne domanderò conto ad ogni animale; della vita dell'uomo io domanderò conto alla mano dell'uomo, alla mano di ogni suo fratello!" (*Genesi, IX, 4 e 5*). Infatti la vita dell'essere vivente è nel sangue. (*Levitico, XVII, 11.*).

Dunque non esiste un'anima eterea che si invola gentilmente dal corpo dopo la morte, ma c'è un codice genetico che detta la personalità di ognuno. Ed è grazie al codice genetico che gli Elohim ricreano coloro che lo hanno meritato grazie alle azioni compiute durante la loro esistenza sulla Terra, per dare loro la vita eterna sul loro pianeta.

Dio non esiste, ma esistono i nostri creatori, gli Elohim, che noi vogliamo accogliere come meritano e nei quali abbiamo fede, vale a dire fiducia. E non esiste un'anima autonoma che si invola dal corpo dopo la morte, ma esiste il codice genetico che permette di avere accesso alla vita eterna.

La religione dell'infinito

DOMANDA:

Il Movimento Raeliano è una religione atea che ha lo scopo di diffondere sulla terra i messaggi di demistificazione dati dagli Elohim, e di edificare un'ambasciata nella quale essi verranno a prendere contatto con i governanti della terra. Immaginiamo che gli esseri umani diano prova di saggezza e riescano ad evitare l'autodistruzione. Immaginiamo che l'ambasciata venga edificata e che gli Elohim un giorno arrivino. A cosa servirebbe allora la religione raeliana e quale sarebbe il suo scopo?

Risposta:

Se tutto ciò accadrà, ed io sono convinto che accadrà, anche se esiste soltanto una possibilità su cento che gli uomini scelgano la via della saggezza, la religione degli esseri umani diventerà la stessa degli Elohim: l'infinito. E la ragion d'essere delle Guide Raeliane diverrà l'insegnamento delle tecniche che permettono di vivere armonizzandosi con l'infinito (com'è scritto sommariamente nel capitolo "le chiavi" del secondo messaggio), e della meditazione sensuale. In una parola, esse insegnereanno tutto ciò che permette agli esseri umani di elevare il loro livello di coscienza, di affinare la percezione degli scambi e delle reazioni elettrochimiche che si producono nel cervello.

La religione dell'infinito è la religione dell'assoluto ed è necessariamente eterna. Il fatto che degli esseri che sono venticinquemila anni avanti a noi siano fedeli a questa religione, è la prova che si tratta della religione assoluta ed eterna di ogni specie vivente che abbia acquisito un livello di coscienza universale, vale a dire infinito.

I seminari di risveglio che noi organizziamo regolarmente costituiscono un approccio a questa religione dell'infinito attraverso la meditazione sensuale.

L'avvenire delle religioni tradizionali

Domanda:

Se gli Elohim verranno nell'ambasciata accompagnati da Mosé, Gesù, Buddha, Maometto e tutti i grandi profeti che vivono sul pianeta degli Eterni, cosa ne sarà delle religioni attuali?

Risposta:

La maggior parte degli individui aderirà al Movimento Raeliano, almeno per quanto riguarda i praticanti fedeli alle scritture di queste religioni e sufficientemente intelligenti ed aperti per comprendere. Sfortunatamente una gran parte di fanatici limitati, guidati dagli uomini del clero di queste religioni che hanno paura di perdere la loro fonte di reddito, si opporranno a quest'adesione generale.

Essi addurranno a pretesto che gli Elohim sono degli usurpatori o che sono stati inviati dal "diavolo" e, di fronte al loro Cristo, ricomincerebbero a crocifiggerlo allegramente, proprio come gli Inquisitori avrebbero bruciato Gesù come uno stregone se egli avesse avuto la sfortuna di cadere nelle loro mani a quell'epoca.

Ho avuto recentemente occasione di pranzare con uno dei responsabili della comunità ebraica di Montreal. Durante il pranzo, gli ho chiesto cosa avrebbe fatto se Mosé in persona gli avesse detto di agire ora in modo diverso da ciò che è descritto nel Vecchio Testamento. La sua risposta è stata: "Continuerei ad applicare ciò che è scritto nella Bibbia". Molte persone sono così, ed è uno dei problemi che si presentano agli Elohim per essere riconosciuti dagli uomini. Essi devono essere più forti delle credenze che hanno generato.

Se domani gli Elohim atterrassero in qualche parte del mondo e spiegassero ai media ed ai governanti accorsi per incontrarli che dio non esiste, che non c'è anima, e presentassero Gesù in carne ed ossa dicendo chi è, credete che il Vaticano metterebbe tanto facilmente la propria fortuna a sua disposizione? Certamente no, poiché il sistema ha preso il sopravvento sugli scopi fondamentali della religione cattolica.

Tutte le religiose sono spose di Gesù. Queste religiose si metterebbero a sua disposizione se egli tornasse? Essere le spose di un essere che non esiste materialmente, benché si creda che egli sia vivo da qualche parte, ed esserne infastidite se egli tornasse veramente: ecco il problema delle religiose.

Come ha detto un grande pensatore, non si riesce a far cambiare di colpo opinione alle persone, esse semplicemente muoiono e vengono sostituite da altre più evolute, che hanno un'opinione diversa. Il tempo lavora per noi.

Certo, resterà sempre un piccolo nucleo di fanatici limitati, ma si estinguerà da solo, come si sono estinti i fanatici delle religioni precristiane che martirizzavano i primi cristiani e le cui credenze sono completamente scomparse. Il problema si porrà soltanto se gli Elohim arriveranno sulla Terra prima che le attuali credenze primitive siano anch'esse totalmente scomparse.

Raelismo e Geniocrazia

Domanda:

Lei ha pubblicato un libro, "La Geniocrazia", sulla cui base è stato strutturato un movimento politico, il Movimento per la Geniocrazia Mondiale. Lei non sta cercando di utilizzare un movimento religioso per imporre una dottrina politica?

Risposta:

Numerosi raeliani si sono particolarmente interessati al capitolo del primo messaggio che spiegava quale fosse l'organizzazione politica del pianeta degli Elohim, e mi avevano chiesto di sviluppare quest'idea in un manifesto che sarebbe servito loro a creare un movimento politico che avrebbe sostenuto quest'ideologia. Dato che gli Elohim si augurano che noi favoriamo l'inserimento sulla Terra della Geniocrazia, pur lasciando gli esseri umani liberi di trovare di meglio se ci riescono, ho dunque accettato di scrivere questo manifesto. E poi i raeliani che erano particolarmente interessati alla Geniocrazia hanno creato il partito in questione ed hanno persino presentato un candidato alle elezioni, già pochi mesi dopo la nascita del partito.

Personalmente, la mia posizione è molto chiara in tutti i paesi dove la Geniocrazia sta facendo progressi. Io sono sulla Terra, prima di tutto, per portare a termine la mia missione che consiste nel diffondere i messaggi dei nostri creatori e nell'edificare l'ambasciata che essi richiedono. Le persone che si occupano della Geniocrazia sanno che io consacro tutto il mio tempo a questa missione e, anche se mi auguro che essi ottengano dei buoni risultati, i loro problemi non mi toccano molto. Ho anche chiesto a tutte le guide che avevano dato inizio a questi movimenti politici di trovare, il più presto possibile, delle persone capaci di sostituirle e che non fossero raeliane, affinché queste guide potessero consacrarsi a ciò che ai miei occhi è la cosa più importante: il loro lavoro di guide.

Questo non toglie che, se in occasione di elezioni si presentano dei candidati geniocrati, io consiglierò sempre ai raeliani di votare per loro. È evidente che si può essere allo stesso tempo raeliani e geniocrati, come si può essere democratici e cristiani. È possibile avere una religione e anche un'opinione politica. Ma non si è obbligati a militare per il partito geniocratico quando si è raeliani, al contrario.

Sono convinto che si possa far bene soltanto una cosa per volta. Per questo raccomando sempre ai raeliani di non occuparsi attivamente della Geniocrazia e di lasciare questo compito a dei non-raeliani. Quando si lavora otto ore al giorno e si dedica tutto il proprio tempo libero alla diffusione dei messaggi, ogni minuto di diffusione è prezioso. E non è il caso di sacrificare un solo minuto del tempo che si consacra a diffondere la parola dei nostri creatori, per aiutare un movimento politico. Bisogna dunque fare una scelta. Un partito politico non è per nulla importante in rapporto ai messaggi degli Elohim. Ho messo in marcia un treno, il treno della geniocrazia, ed ora conto su dei non-raeliani per condurre questo treno. Può darsi che questo treno diverrà enorme e contribuirà a salvare l'Umanità. Può darsi che gli uomini si salveranno senza l'aiuto della geniocrazia anche se ci arriveranno più tardi. La cosa certa è che l'ambasciata verrà costruita al più presto. Questo è il mio unico pensiero, la mia sola preoccupazione e dovrebbe essere anche il solo pensiero e l'unica preoccupazione dei veri raeliani. Edificare l'ambasciata dei nostri creatori ed accoglierli in compagnia degli antichi messaggeri, Mosé, Gesù, Maometto, Buddha, ecc., ecco la priorità delle priorità e la ragione della mia esistenza sulla terra. Questa deve anche diventare la ragion d'essere per coloro che vogliono aiutarmi.

Chi ha creato il creatore dei creatori?

DOMANDA:

Gli Elohim ci hanno creato, ed altri extraterrestri hanno creato loro. Ma chi ha creato i creatori degli Elohim?

Risposta:

Per l'essere umano è più facile concepire l'infinito nello spazio che l'infinito nel tempo. Quando parliamo di infinito nello spazio, è possibile, una volta raggiunta un'apertura mentale sufficiente, comprendere che la terra è una particella dell'atomo di un atomo della mano di un essere gigantesco che contempla a sua volta un cielo nel quale brillano delle stelle che compongono la mano, il ventre o il piede di un essere ancora più gigantesco che si trova sotto un cielo, ecc., e così via all'infinito. Idem per l'infinitamente piccolo... sugli atomi degli atomi della nostra mano ci sono esseri intelligenti per i quali queste particelle sono dei pianeti e delle stelle, e questi esseri sono composti da atomi le cui particelle sono delle stelle e dei pianeti sui quali ci sono esseri viventi intelligenti, ecc., così all'infinito.

Quando però si tratta di infinito nel tempo, l'essere umano ha molta più difficoltà a concepirlo. Perché l'uomo un giorno nasce, vive un certo numero di anni e muore, e gli piacerebbe che nell'universo tutto fosse come lui, limitato nel tempo. L'idea che una qualsiasi cosa nell'universo possa essere eterna è insopportabile all'uomo che non è risvegliato, anche se si trattasse dell'universo stesso. E gli scienziati di oggi non sfuggono a questa regola. Essi affermano che l'universo misura una certa quantità di chilometri e che esiste da un certo numero di milioni di anni. Ma è possibile misurare solo ciò che percepiamo dell'universo, che sia nello spazio o nel tempo.

Invece, tutto è eterno, sia sotto forma di materia che sotto forma di energia, e noi stessi siamo composti da materia eterna.

Gli Elohim sono stati creati da altri esseri venuti da un altro pianeta i quali, a loro volta, erano stati creati da altri esseri venuti da un altro pianeta e così di seguito all'infinito.

Cercare nel tempo un inizio dell'universo è tanto sciocco quanto cercarne uno nello spazio.

Riprendiamo l'esempio degli esseri che vivono su una delle particelle di un atomo della nostra mano, per i quali questa particella è un pianeta. Per quanto riguarda lo spazio, gli scienziati di questo pianeta microscopico, situato ad esempio al centro del midollo dell'osso della prima falange del nostro indice, diranno innanzitutto che le altre particelle da loro osservabili ad occhio nudo girano intorno al centro del mondo, il loro pianeta, la particella sulla quale essi si trovano. Infatti la prima cosa che apparirà loro evidente è che il loro pianeta è il centro dell'universo. Poi essi progrediranno sufficientemente perché un genio possa un giorno affermare che il loro sole non si sposta attorno al loro pianeta e che nemmeno le stelle girano più attorno al loro piccolo mondo, e che è invece proprio il loro pianeta a girare su se stesso in un cielo immobile, pur girando nello stesso tempo attorno al loro sole. Verrà certamente bruciato come eretico dagli stregoni inquisitori del pianeta-particella, ma verrà un giorno in cui, grazie a degli strumenti d'osservazione sempre più perfezionati, ci si accorgerà che egli aveva ragione.

Allora i dotti e i sapienti di quest'epoca misureranno l'universo con grande modestia, dicendo che esso si estende dalla stella-particella più lontana situata ad un'estremità del cielo alla stella-particella più lontana situata all'altra estremità. Questo in realtà rappresenterà soltanto un miliardesimo di miliardesimo della regione del nostro dito dove essi si trovano. Ma visto che essi non potranno vedere oltre, ne dedurranno che l'universo si ferma là dove essi non vedono più nulla.

Poi le tecniche di osservazione faranno altri progressi e ci si comincerà ad accorgere che esistono altre galassie ed anche ammassi di galassie. Ma cosa importa... questo proverà che l'universo è semplicemente più grande di quanto ci si potesse immaginare. Esso misurerà sempre un certo numero di miliardi di chilometri o di anni luce, sarà un po' più grande di prima, magari dieci o cento volte di più, ma avrà sempre una certa misura. Noi sulla terra ci troviamo a questo punto del nostro progresso. Ma torniamo al piccolo pianeta situato nel nostro dito.

La scienza progredisce sempre più e gli abitanti della nostra falange riescono a lanciarsi in esplorazioni spaziali sempre più audaci. Essi raggiungono anche il limite dell'osso di cui il loro pianeta è un atomo di un atomo, ed essi possono così assicurare con certezza che l'universo misura tanto. La prova: più in là non c'è più nulla di osservabile.

Ma col passare del tempo, essi giungono ad attraversare l'immensità che separa l'osso della nostra falange dal muscolo, ed il loro universo guadagna ancora in dimensione. Poi essi miglioreranno ancora i loro vascelli spaziali e giungeranno allo strato di pelle che ricopre il nostro dito. E qui è finita, il loro universo misura, secondo la nostra scala, un centimetro e mezzo, secondo la loro scala invece un certo numero di anni luce.

Dovranno soltanto approfondire ulteriormente le esplorazioni spaziali nel resto del nostro corpo, seguendo certe correnti nelle quali le stelle si spostano misteriosamente a delle velocità inimmaginabili, dei giganteschi corridoi di cui disegneranno delle mappe che permetteranno loro di partire e tornare verso il loro pianeta. Ma essi non sapranno certo che si tratta dei nostri vasi sanguigni. Il loro universo verrà misurato, delimitato, ed avrà una certa altezza, una certa larghezza ed una certa profondità. Quantità enormi di anni luce, in base alla loro scala, un metro e settantacinque per noi.

Essi non avranno ancora coscienza che i nostri piedi poggiano sul suolo di un pianeta che offre loro una quantità di galassie che nessuno dei loro cervelli limitati e desiderosi di porre dei limiti ovunque, potrebbe immaginare. La quantità di atomi contenuti nella terra in rapporto a quella contenuta nel nostro corpo è incommensurabile.

In seguito dovranno prendere coscienza che vi sono altri "uominiuniversi" come noi che camminano su questo pianeta, e che ci sono nel cielo altre stelle, altre galassie, e così di seguito all'infinito.

Soltanto alcuni saggi, che avevano raggiunto un livello di coscienza superiore e che erano in armonia con l'infinito, avevano insegnato tutto ciò ai loro discepoli in un'epoca in cui per gli scienziati ufficiali l'universo misurava soltanto alcuni miliardesimi di miliardesimi di millimetro dell'osso del nostro dito e che essi potevano osservare dall'interno...

Per quanto riguarda la concezione dell'infinito nel tempo si tratta esattamente della stessa cosa. Gli scienziati di questo minimondo potrebbero calcolare l'età del loro universo calcolando l'età della molecola di cui il loro pianeta sarebbe l'atomo di un atomo, e l'universo avrebbe quest'età; poi essi si accorgerebbero che l'età della cellula, la cui molecola era da loro considerata come la totalità dell'universo e che invece ne rappresenta soltanto una minima parte, è ben più importante; poi scoprirebbero che l'età dell'arto di cui questa cellula non è che una parte è molto più grande, per giungere poi all'età dell'essere di cui questo arto è soltanto una parte, e così di seguito all'infinito.

A cosa serve vivere?

DOMANDA:

A cosa serve vivere?

RISPOSTA:

Come dicono i messaggi, bisogna sempre giudicare le cose in rapporto a quattro livelli. In rapporto all'infinito non serve a nulla. La nostra vita e quella dell'intera Umanità non sono nulla in rapporto all'infinito. Se noi morissimo e se l'Umanità intera scomparisse, non cambierebbe nulla nell'infinito dello spazio e del tempo. Il grande essere, di cui noi siamo i parassiti di una particella di un atomo, continuerebbe ad esistere senza rendersi conto di nulla. D'altronde, per quest'essere, l'intera storia dell'Umanità, a partire dalla sua creazione, è durata soltanto un miliardesimo di secondo. Gli esseri viventi sugli atomi degli atomi della nostra mano continuerebbero ad esistere come se per loro nulla fosse accaduto, anche se l'atomo nel quale si trova il loro universo sprofondasse nella terra, all'interno del fiotto di sangue che cola dal nostro dito amputato da un'esplosione, ad esempio. Ed anche se questa goccia di sangue venisse inghiottita da un verme che conserva l'atomo nel quale si trova il loro universo per costituire delle nuove cellule in fase di crescita, questo non danneggerebbe per nulla gli esseri viventi di questo piccolo mondo, e neppure gli esseri viventi sugli atomi che costituiscono le cellule delle loro dita...

In rapporto agli Elohim, la nostra vita è invece molto importante, poiché noi siamo loro figli e dobbiamo mostrare loro che siamo fieri di aver avuto il privilegio di essere stati creati a loro immagine, vale a dire capaci di prendere coscienza dell'infinito e di creare un giorno a nostra volta degli esseri fatti a nostra immagine.

Anche in rapporto alla società umana la nostra vita è molto importante, poiché siamo il risultato di una lunga stirpe di sopravvissuti che sono scampati alle epidemie, alle guerre, e che hanno fatto di noi il frutto di una lunga selezione naturale. Dobbiamo contribuire a far giungere l'Umanità in quell'Era d'Oro che ha ampiamente meritato e nella quale sta per entrare. Noi siamo le cellule di questo grande corpo che è l'Umanità e, nel momento della nascita di questa Umanità, ogni cellula, ognuno di noi è molto importante ed ha un ruolo specifico da giocare.

Infine, in rapporto a noi stessi, la nostra vita ha l'importanza che noi stessi le accordiamo. Se riconosciamo gli Elohim come nostri creatori e se ammettiamo che vogliamo contribuire alla conoscenza ed alla diffusione dei loro messaggi nel mondo intero per permettere agli uomini di giungere nell'Era d'Oro, allora ci darà piacere contribuire a quest'opera immensa e ci farà dunque piacere vivere per questo.

Per tornare alla domanda che lei mi ha posto, vivere serve ad avere il piacere di vivere, che si tratti del piacere di diffondere i messaggi dei nostri creatori, o del piacere di contribuire all'ingresso nell'Era d'Oro o di quello di procurarsi piacere mettendosi in armonia con l'infinito, o in ogni altro modo.

Che cos'è il piacere?

Domanda:

Che cos'è il piacere?

Risposta:

Il piacere è la reazione di un organismo che compie un atto in grado di produrre in lui delle reazioni chimiche piacevoli.

Un neonato che poppa dal seno della madre prova piacere, poiché la sua fame viene calmata e perché la reazione chimica prodotta dal latte sulle papille della sua lingua gli procura una sensazione piacevole. Tutti i nostri sensi esistono per darci piacere, e la Meditazione Sensuale si basa su di un miglioramento della percezione del piacere provocato dalle reazioni chimiche trasmesse dai nostri sensi.

Tutto ciò che facciamo nella nostra vita lo facciamo perché ci fa piacere. Non c'è un solo atto in tutta la nostra esistenza che non

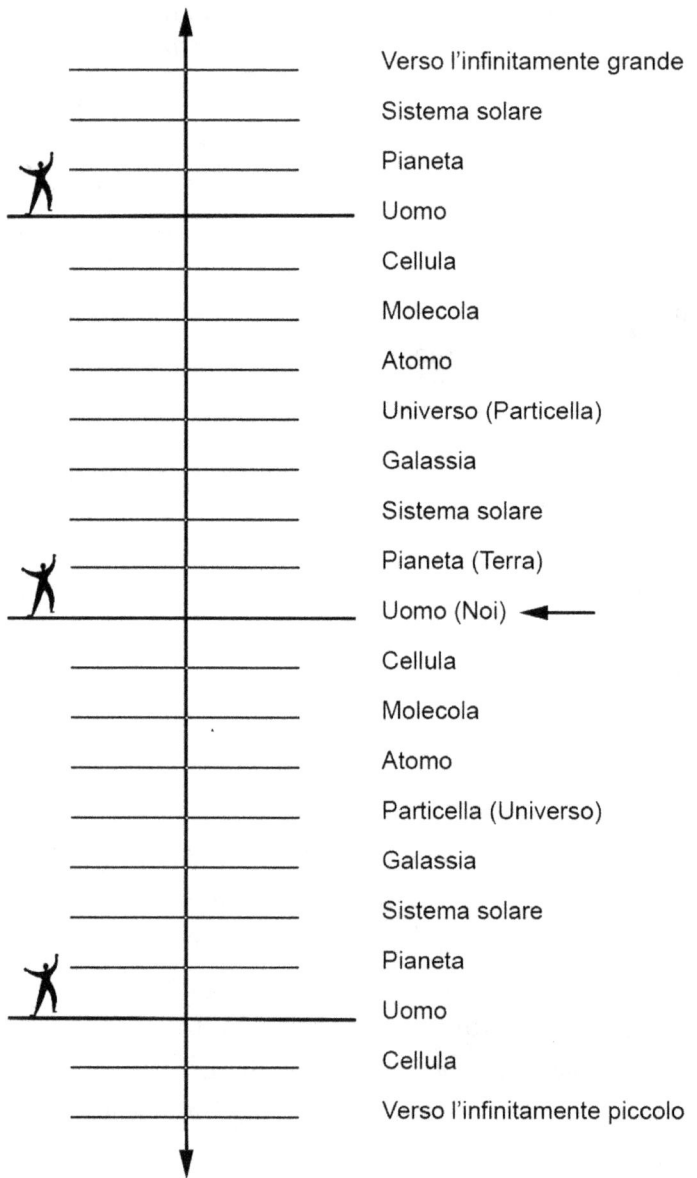

venga fatto per il piacere di farlo. La persona che paga le proprie tasse le paga perché prova piacere a non andare in prigione rifiutandosi di pagarle. La donna che si getta sotto un'auto per salvare il proprio bambino, lo fa perché le dà piacere vederlo sopravvivere anche se dovesse restare ferita. E il militare che si lancia sotto il tiro nemico per salvare il suo battaglione, lo fa perché gli fa piacere morire per i suoi compagni. Questo comportamento è stato portato al suo parossismo dai piloti-suicidi o dai kamikaze giapponesi.

Occorre evidentemente differenziare i piaceri diretti, come la soddisfazione immediata della propria sensualità, dai piaceri indiretti, come le scelte di comportamento di cui abbiamo appena parlato e che si compiono in reazione ad interventi esterni senza giungere ad uno sviluppo cosciente dei propri mezzi di percezione dell'ambiente.

Soltanto il piacere cosciente, ottenuto ricercando il miglioramento della qualità della propria percezione, è illuminante.

Noi siamo collegati all'infinito attraverso i nostri sensi. Un essere che non potesse né vedere, né ascoltare, né annusare, né toccare, né gustare, sarebbe un essere totalmente morto, anche se il suo cuore continuasse a battere. Non avrebbe alcuna coscienza di sé né dell'ambiente che lo circonda e non avrebbe dunque nessuna intelligenza.

È anche importante notare come coloro che si vedono privati dell'utilizzo di uno dei sensi, sviluppano meglio degli altri i sensi che restano. I ciechi, ad esempio, sentono dei suoni che ci sfuggono o possono leggere con la punta delle loro dita.

È stato dimostrato scientificamente che il centro del piacere si trova nel cervello ed è stata fatta l'esperienza di collegare questa parte del cervello a degli elettrodi che permettono di inviare delle piccole scariche elettriche. I soggetti sui quali si è sperimentato, hanno affermato che quello che sentivano era, allo stesso tempo, simile all'orgasmo, alla soddisfazione causata da una scoperta o al riconoscimento onorifico di fronte ad un'assemblea. Si è così potuto provare, dopo misurazioni complementari, che è sempre lo stesso centro del piacere ad essere sollecitato, sia quando si ottiene un orgasmo sessuale, sia quando un inventore fa una scoperta, sia quando un artista realizza un capolavoro o quando un militare riceve una decorazione.

Meglio ancora, un'altra esperienza ha dimostrato che, se degli artisti venivano eccitati sessualmente mentre creavano, vedevano aumentare la propria creatività.

Non può esistere cosa più logica di questa. Il piacere aumenta la creatività poiché risveglia tutti i nostri sensi. E un creatore deve essere collegato all'infinito per realizzare un'opera armoniosa.

Noi dobbiamo dunque imperniare la nostra esistenza sul miglioramento della qualità della percezione del piacere aumentando la sensibilità dei nostri sensi. Questo avrà come effetto, oltre al semplice fatto di gioire maggiormente dei nostri sensi, anche quello di sviluppare la nostra capacità di sfruttare totalmente il nostro potenziale di creatività e di far quindi beneficiare tutta l'Umanità delle nostre creazioni, migliorando in tal modo il livello di coscienza generale.

È proprio ciò che viene insegnato nei seminari di risveglio che noi organizziamo per i raeliani.

Migliorando il livello di coscienza degli individui, si migliora il livello di coscienza dell'Umanità e le possibilità di entrare nell'Era d'Oro aumentano.

Per cambiare la società bisogna prima cambiare gli individui che la compongono. La violenza viene sempre generata da esseri umani infelici. Migliorando la felicità degli individui, si contribuisce ad abbassare il potenziale di violenza umana. Del resto, molto spesso la violenza viene generata da individui che si credono infelici, e tutta l'arte degli uomini politici risiede nel rinforzare questo sentimento al fine di destituire i governanti in carica per poi prendere il loro posto. Poi, questi ultimi rifaranno la stessa cosa con gli stessi obiettivi. Si alimenta così un sentimento di insoddisfazione che, dopo essersi amplificato a causa di questi continui capovolgimenti, può sfociare un giorno nel sentimento generalizzato che attribuisce la causa di questa insoddisfazione ad un'altra nazione. È così che si scatenano le guerre.

Se ogni individuo prende coscienza dell'infinito con i mezzi di cui dispone, sviluppando la propria sensualità, l'intera società subirà una metamorfosi. Ciò deve iniziare con una presa di coscienza da parte degli esseri più risvegliati della media i quali, una volta che avranno raggiunto un certo livello, diverranno delle guide per il loro entourage e permetteranno ad altri di realizzarsi pienamente. Essi, a loro volta, risveglieranno altri esseri umani e così di seguito. In questo modo, impercettibilmente, il livello di coscienza dell'Umanità nel suo insieme si eleverà fino al punto in cui lo scoppio di un conflitto mondiale che le risulterebbe fatale, verrà scongiurato.

Questo processo si è già innescato grazie alle migliaia di piccole manifestazioni non violente condotte nel mondo intero da studenti o da intellettuali in favore della pace o del disarmo unilaterale di questa o quelle nazione, amplificate dal sistema nervoso centrale dell'Umanità che è la televisione.

Ogni individuo contribuisce in ogni istante al risveglio o al soffocamento della coscienza planetaria. Non bisogna aver paura di influenzare gli altri, siamo qui per questo. Ma dobbiamo orientare tutti i nostri sforzi, in ogni istante, ad ogni frase pronunciata, perché tutto ciò che diciamo e i nostri comportamenti abbiano un'influenza positiva sul corso della storia dell'Umanità.

Non bisogna mai cercare di convincere gli altri poiché, quando un individuo si accorge che qualcuno cerca di convincerlo, tende poi a rafforzare la propria posizione. Se invece si scopre ciò che nella filosofia dell'altro si concilia con la nostra, si può allora porre l'accento su questo punto comune e, partendo da qui, far scoprire al nostro interlocutore una nuova via che gli sembrerà di aver trovato da solo.

È stupido dirsi che non si vuole influenzare nessuno limitandosi a seguire la propria strada e lasciando che gli altri seguano la loro. Il fatto stesso di non cercare di influenzare gli altri li influenza molto di più che se si parteggiasse fanaticamente per qualcosa. La gente diffida sempre più del fanatismo, qualunque esso sia, ed ha ragione.

È un inizio di saggezza.

Sulla terra ci sono persone che cercano la verità e che lo manifestano, e persone che cercano la verità e lo nascondono, ma non esistono persone che non la cercano. E poi c'è gente che fa finta di averla trovata e che lo ostenta, spesso perché è preoccupata di conservare le tradizioni, e gente che l'ha veramente trovata e che lo manifesta: i raeliani.

Coloro che cercano la verità e che lo affermano apertamente sono quelli che in primo luogo ci interessano, poiché sono sinceri ed aperti, generalmente molto intelligenti e relativamente armoniosi. In ogni caso lo sono abbastanza per essere pronti ad accettare una nuova visione del mondo senza temere che questo cambiamento li traumatizzi al punto da squilibrarli. Essi rappresentano la grande maggioranza degli attuali raeliani, dei pionieri.

Anche coloro che cercano la verità e che lo nascondono ci interessano, ma ci raggiungeranno soltanto quando avranno combattuto la loro paura dell'opinione degli altri.

Coloro che fanno finta di averla trovata e che lo mostrano, ci raggiungeranno quando avranno capito che nulla è costante nell'universo e che è totalmente stupido voler preservare delle tradizioni che non corrispondono più a nulla. Essi adorano costumi e tradizioni e non gli importa nulla di ciò che può essere in realtà il loro "dio".

Tutte queste persone lo fanno per piacere. Gli ultimi ad essere menzionati provano piacere al pensiero che i loro figli dicano le preghiere esattamente come loro, ed insegneranno ai loro figli a farlo alla stessa maniera. La scuola insegnerà a questi bambini che l'uomo discende dalla scimmia, ma cosa importa, bisogna rispettare l'insegnamento della scuola poiché rappresenta la tradizione, e rispettare ciò che dice il prete poiché è la tradizione. Non dobbiamo chiederci perché i due insegnamenti sono diversi. Ecco la posizione di questi adoratori della tradizione. Coloro che si dicono cristiani crocifiggerebbero un'altra volta Gesù se egli stesso chiedesse loro di non andare più a messa la domenica o di non fare più battezzare i loro figli prima che giungano all'età adulta.

Coloro che cercano la verità ma che lo nascondono, provano piacere nel credere che ciò che si pensa di loro sia più importante di ciò che essi sono veramente. Costoro non crocifiggerebbero Gesù ed in fondo sarebbero anche contrari, ma non direbbero nulla, non interverrebbero. Essi non vogliono essere implicati in nessuna faccenda, anche se si trattasse di difendere ciò che per loro rappresenta la verità.

Quando tutti gli esseri umani gioiranno totalmente della loro sensualità, non ci sarà più alcun rischio di una guerra mondiale. Alla base della violenza, ci sono sempre persone insoddisfatte sensualmente. Ecco perché noi dobbiamo imparare a gioire di tutti i nostri sensi e far scoprire a quelli che ci circondano la loro sensualità. E tutto questo deve iniziare da quando si è bambini. Non è sufficiente insegnare loro "come funziona" (quello che fa l'educazione sessuale), ma bisogna insegnare loro "come servirsene per ottenere e donare piacere".

Occorre sostituire l'educazione sessuale con un'educazione sensuale.

Il piacere è sempre illuminante. Parlo evidentemente del piacere diretto e non del piacere del soldato che si sacrifica per i suoi compagni. Il piacere diretto, vale a dire quello che sviluppa in noi i mezzi per armonizzarci con l'infinito, per sentirci parte dell'infinito.

Il nostro essere non è altro che un accumulo di atomi organizzati secondo un piano, il codice genetico. Questi atomi interagiscono continuamente con il loro ambiente attraverso un'infinità di reazioni chimiche delle quali noi siamo o non siamo coscienti. Elevare il proprio livello di coscienza significa sentire in sé un sempre maggior numero di queste reazioni chimiche, per meglio situarsi nell'infinito ed essere dunque più armoniosi. Quando ci si sente collegati all'universo, infinito, eterno, non è più possibile essere infelici. Si scopre il piacere di essere.

Che cos'è la morte?

Domanda:

Che cos'è la morte?

Risposta:

La morte, in rapporto all'infinito, non è nulla. La materia di cui siamo composti è eterna. Noi siamo dunque costituiti di eternità. Prima di essere in noi, le particelle infinitamente piccole che compongono il nostro naso, esistevano già. Alcune erano nella bistecca che nostra madre ha mangiato mentre noi terminavamo la nostra crescita nel suo ventre e sono arrivate a fissarsi sul nostro viso passando attraverso il suo corpo, altre erano nel frutto che abbiamo mangiato ieri e sono arrivate nella nostra pancia, poi nel nostro sangue che le ha portate fin dentro al nostro naso. E questo vale per ogni parte del nostro corpo. Dopo la nostra morte accadrà esattamente la stessa cosa. Queste particelle ritorneranno alla terra e alcune si fisseranno negli animali, altre nei vegetali, altre, più numerose, resteranno nella terra. "Poiché tu sei polvere, e polvere ritornerai".

Per quel che riguarda l'insieme formato da questo accumulo di materia organizzata che siamo noi, la morte rappresenta invece un cataclisma finale.

La morte è l'inizio del processo di dispersione della materia di cui

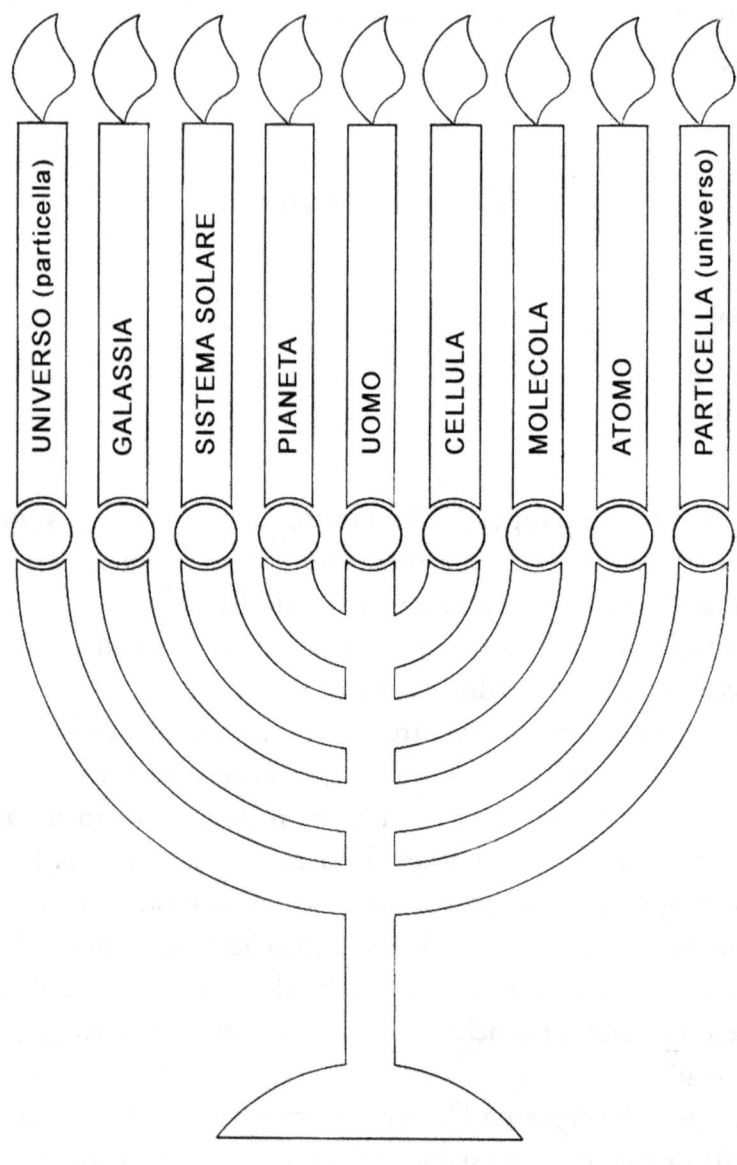

siamo composti.

Ma per capire bene cos'è la morte, bisogna prima di tutto capire bene cos'è la vita.

La vita non è altro che l'organizzazione del disorganizzato. Gli Elohim sono venuti sulla terra quando su di essa non esisteva alcuna forma di vita. Non c'era nient'altro che materia disorganizzata al nostro livello, al livello che noi chiamiamo biologico.

Essi hanno preso questa materia, l'hanno "formata" come dice la Bibbia, e l'hanno "modellata" per farne degli esseri viventi. Evidentemente, questo "formare" va inteso a livello molecolare e non come una lavorazione di vasellame… ma per un primitivo il livello molecolare non esiste. Per lui il creatore ha preso un po' di terra ed ha creato l'uomo. È vero, egli ha preso un po' di componenti chimici che si trovano nella terra e li ha combinati scientificamente in modo da animare l'inanimato.

Ogni essere vivente presente attualmente sulla terra è stato creato dagli Elohim a partire da un "mattone" di base, una struttura molecolare composta di atomi giudiziosamente assemblati, e gli scienziati terrestri di oggi hanno appena iniziato ad accorgersi che tutti gli esseri viventi, qualunque essi siano, vegetali o animali, uomini o bestie, hanno alla loro base dei componenti comuni. Una sorta di alfabeto di cui ogni lettera è un atomo e che compone il codice genetico di ogni specie vivente. Nel caso di specie differenti l'ordinamento delle lettere di questo alfabeto è diverso, ma le lettere dell'alfabeto sono sempre le stesse. Così, a partire da un "mattone" di base relativamente semplice, i nostri creatori hanno potuto costruire un'enorme quantità di "case" diverse nel loro aspetto, ma identiche nei loro componenti di base. E quando queste specie si riproducono, non fanno altro che "ri-produrre" il codice genetico del primo esemplare della loro specie che è stato creato dagli Elohim.

La vita è dunque l'organizzazione del disorganizzato. E la morte è la disorganizzazione dell'organizzato.

La vita è una casa che si costruisce da sola a partire da un progetto e che si auto-mantiene. La morte rappresenta la fine dell'auto-mantenimento e l'inizio della dispersione dei materiali che compongono la casa, che culmina nella distruzione del progetto che porta in sé.

Coloro che hanno fatto il progetto di queste case, i Grandi Architetti del nostro universo, ne hanno concepito un tipo capace, un giorno, di diventare a sua volta un architetto e in grado di eguagliarsi al suo creatore creando altri progetti capaci di diventare loro stessi delle case. Questo tipo di casa superiore è l'essere umano, che ben presto sarà capace di creare sinteticamente nuovi codici genetici, nuovi progetti, a partire da materia inanimata.

Perché il vivente è stato creato capace di situarsi nel proprio ambiente percependolo attraverso delle sonde, i sensi.

L'essere umano non è altro che un computer biologico autoprogrammabile ed autoriproducibile.

Nulla differenzia l'essere umano dai sofisticatissimi computer che oggi siamo in grado di costruire. E sarà anche possibile costruire dei computer molto più perfezionati e dalle prestazioni molto superiori a quelle dell'essere umano.

Anche i computer possono avere i mezzi per situarsi nel proprio ambiente. Recentemente è stato realizzato un computer dotato di ruote e capace di muoversi da solo evitando degli ostacoli grazie a delle telecamere collegate al suo cervello. Esso "vedeva", proprio come noi vediamo con i nostri occhi, e poteva muoversi nel suo ambiente.

Un computer fa soltanto ciò per cui è stato programmato. E anche l'essere umano. Ma andiamo avanti con il nostro parallelismo tra uomo e computer. Per quanto concerne l'udito, è molto facile dotare un computer di un microfono attraverso il quale sentirà i rumori che vengono emessi attorno a lui, proprio come facciamo noi con le nostre orecchie.

È anche possibile dotarlo di un analizzatore di odori che lo informerà sui profumi che lo circondano, proprio come facciamo noi con il nostro naso.

Inoltre, è facile aggiungere un analizzatore di gusto che gli indicherà qual è il sapore di certe sostanze, proprio come possiamo farlo noi con la nostra bocca.

Infine, è possibile equipaggiarlo di sonde in grado di fornirgli informazioni sulla temperatura, sulla durezza o sul peso di ciò che lo circonda, come facciamo noi con le nostre mani.

Ancora meglio, possiamo equipaggiare questo computer di organi infinitamente superiori ai nostri. Ad esempio, per quanto riguarda la vista, potremmo dotarlo di videocamere a focali multiple, con uno zoom in grado di vedere nettamente quel che succede a distanza di parecchi chilometri, e con un obiettivo macro capace di vedere quel che succede su oggetti microscopici, cose che noi siamo incapaci di fare senza avere a disposizione protesi come il binocolo o il microscopio.

Idem per l'udito. Noi percepiamo soltanto una minima gamma dei suoni esistenti intorno a noi e che certi animali come i cani riescono a captare. Noi possiamo equipaggiare questo computer con sensori di suoni sensibili agli ultrasuoni o agli infrasuoni, dotarlo di microfoni direzionali che gli permettano di ascoltare ciò che succede in un punto preciso, anche a vari chilometri di distanza.

Per tornare alla vista, possiamo anche dotarlo di videocamere sensibili ai raggi ultravioletti o ai raggi infrarossi, che gli permetteranno di vedere al buio, cosa che noi non siamo in grado di fare con la nostra visione limitata.

Per quanto riguarda l'odorato, possiamo fornirlo di analizzatori di odori capaci di trasmettere immediatamente un'analisi chimica completa di profumi o di gas ambientali, cosa che noi non siamo capaci di fare con il nostro naso.

Per quanto riguarda il gusto, possiamo dotarlo anche di analizzatori di sapore capaci di effettuare un'analisi chimica dettagliata di una data sostanza.

Per quanto riguarda il tatto, infine, possiamo equipaggiarlo con sonde in grado di analizzare con precisione temperatura, peso o durezza di oggetti o di sostanze circostanti, invece di limitarsi a dire "è caldo" oppure "è pesante", manipolando cose a temperature proibitive per la nostra epidermide e migliaia di volte più pesanti di quello che i nostri miseri muscoli possono sollevare.

Ma possiamo ancora andare oltre, dotando il nostro computer di sensi che l'uomo non possiede o che è incapace di sfruttare. Ad esempio, possiamo dotarlo di un radar che gli permetta di situarsi anche senza visibilità, di un sonar, di un segnalatore di raggi x, di una bussola, di un rilevatore di gravità, di un sistema di comunicazione via radio, ecc. Si tratta di tutta una serie di sensi di cui il nostro corpo non è provvisto e che possiamo percepire solo con delle protesi elettroniche che non abbiamo a disposizione tutte insieme, in ogni momento, in ogni luogo.

Affrontiamo adesso il problema dell'alimentazione energetica del computer-uomo e della macchina. Quando l'uomo ha bisogno di energia, dice "ho fame", cerca del cibo e mangia. Degli scienziati hanno appena messo a punto un computer dotato di batterie elettriche. Esso lavora, dotato delle sue videocamere che gli permettono di spostarsi e di sistemare delle casse pesanti come un carrello elevatore; poi improvvisamente la carica delle sue batterie diventa troppo debole perché possa continuare ad essere efficace a lungo. Il suo apparecchio di controllo della quantità di elettricità che gli resta in riserva nelle batterie gli indica che deve andare a ricaricarle. Subito, si dirige verso la presa di corrente, si collega da solo, attende che la quantità di corrente immagazzinata sia sufficiente, poi si scollega e ricomincia a lavorare. Non v'è alcuna differenza rispetto all'uomo che dice "ho fame" e che si dirige verso la trattoria all'ora di pranzo prima di rimettersi al lavoro.

Cosa fa un uomo quando si ferisce? Smette di lavorare, si cura e riprende il proprio lavoro. Si può facilmente programmare un computer affinché provveda in modo autonomo alla propria manutenzione, esattamente come lo si è programmato per la sua autoalimentazione. Se uno dei suoi pezzi è difettoso, lo smonterà da solo e lo sostituirà con un altro. Così il nostro computer sarà eterno e non conoscerà, come l'uomo, la fine fatale rappresentata dalla morte.

L'uomo è capace di riprodursi. Anche il computer. È sufficiente programmarlo per questo.

Se si programma un computer perché costruisca delle repliche di se stesso che saranno a loro volta capaci di fare lo stesso, molto in fretta si otterrà una popolazione crescente di computer. Da qui nasce l'interesse di non programmarli soltanto a questo. Nell'uomo questa programmazione viene chiamata "istinto di conservazione della specie". Ed è ciò che lo spinge inconsciamente a riprodursi. L'uomo prova piacere nell'accoppiamento senza rendersi conto che in effetti, facendolo, obbedisce ad un istinto di conservazione della specie. Se egli non provasse alcun piacere nell'accoppiarsi, non si riprodurrebbe. È stato programmato per questo, egli obbedisce così al proprio codice genetico che ha previsto il piacere come mezzo per farlo accoppiare. E gli esseri umani che si accoppiano dopo aver preso le dovute precauzioni, vale a dire l'utilizzo di contraccettivi come ad esempio la pillola, la spirale o i preservativi, fanno un fantastico "marameo" al loro codice genetico. Provano piacere, senza che questo sfoci in un atto riproduttivo, e in piena coscienza. Dal momento che il piacere è sempre illuminante ma che la sovrappopolazione è un temibile pericolo, siamo qui di fronte ad uno dei più magnifici atti dell'uomo che prende coscienza di sé e delle proprie azioni in rapporto all'intera Umanità.

Ma torniamo al nostro computer: anch'esso può essere programmato perché provi piacere nel compiere certe azioni. Ogni computer che compie l'atto per il quale è stato programmato, prova piacere nel compierlo. Quando il nostro computer si accorge che l'energia elettrica che gli resta immagazzinata è debole, pensa "questo è male" e corre a ricaricarsi. E quando sente passare la corrente dentro di sé, constata che "questo è bene", e prova piacere.

Cosa significa programmare un computer? Significa inserire nella sua memoria informazioni che governeranno il suo comportamento. Se lo si programma per contare, esso conterà. Se lo si programma per disegnare, disegnerà, e se lo si programma per suonare, suonerà. Ma non suonerà se è stato programmato per fare calcoli e così al contrario, a meno che non sia stato programmato per fare entrambe le cose.

Che cos'è la programmazione di un essere umano? Da una parte esiste il suo codice genetico che contiene le informazioni relative al suo comportamento, al materiale sensuale di cui dispone per comunicare con l'ambiente che lo circonda, al materiale fisico di cui dispone per spostarsi, per nutrirsi o riprodursi, ecc. Tutto questo è innato e tutti lo possiedono sin dalla nascita (più o meno, in funzione dell'ereditarietà). Dall'altra parte ci sono la sua educazione, che lo condizionerà insegnandogli un linguaggio per comunicare con gli altri, leggi per regolamentare il suo comportamento, valori "morali", un insegnamento, una concezione del mondo, una religione, ecc. Tutte cose che determineranno il comportamento dell'individuo. E quest'individuo avrà l'impressione di agire autonomamente, di evolversi in un mondo i cui valori sono quelli che ha scelto, mentre in realtà saranno soltanto quelli che la sua educazione gli avrà imposto, idee ricevute da coloro che lo hanno educato e dunque programmato. È quello che generalmente chiamiamo esperienza.

L'uomo ordinario, o uomo incosciente, è incapace di fare una cosa diversa rispetto a quella per cui è stato programmato nel suo innato e nella sua esperienza acquisita, dalla sua ereditarietà e dai suoi educatori. L'uomo totale, vale a dire l'uomo con un livello di coscienza sufficiente a situarsi nell'infinito dello spazio e del tempo, diventa invece un computer autoprogrammabile. Può rimettere in discussione il programma che gli è stato imposto con la sua educazione senza che fosse stato richiesto il suo parere, a sua insaputa, inconsciamente. Può sostituirlo totalmente o parzialmente con valori nuovi che gli sembreranno migliori. Farà le proprie scelte in rapporto a criteri più elevati rispetto a quelli che hanno motivato il suo ambiente o la sua famiglia a condizionarlo per conservare delle tradizioni necessariamente legate al passato, dunque a un tempo in cui il livello generale di coscienza era del tutto primitivo nella sua concezione dell'universo e della posizione che l'essere umano occupa in quest'ultimo.

L'uomo ordinario, che vuole diventare un uomo totale, vale a dire un uomo che gioisce di un livello di coscienza superiore che gli permette di sfruttare un po' più del 10% delle possibilità del proprio cervello (percentuale che utilizzano in media gli uomini ordinari, o gli uomini parziali), deve giungere a farsi da sé un "lavaggio del cervello" in profondità. Si tratta di un'operazione che gli permetterà di estrarre tutto ciò che ha nella testa, di analizzarlo, di rimettere in ordine le cose che gli sembrano buone e di sbarazzarsi di quelle che gli sembrano cattive. Potrà in tal modo conservare le proprie idee e sbarazzarsi di quelle ricevute dagli altri, dalla sua famiglia, dalle sue compagnie, da coloro che hanno voluto modellarlo secondo una loro convenienza. Questo si applica al suo comportamento ed alle sue reazioni di fronte agli avvenimenti del mondo nel quale vive tutti i giorni, a partire dal modo in cui si sveglia, si alza, fa la sua toilette, si veste, mangia, lavora, si rivolge agli altri, li ascolta, si apre alla sessualità, ecc… proprio tutto, ogni azione per quanto semplice e insignificante possa sembrare, ma solo in apparenza. Diventare un uomo totale significa essere coscienti di ogni movimento delle proprie sopracciglia e degli effetti che possono avere sulle persone che ci circondano.

Perché sia efficace, questa "grande pulizia di primavera" va evidentemente compiuta in compagnia di qualcuno che ha già superato la frontiera che conduce dal paese degli uomini parziali all'universo degli uomini totali, qualcuno che conosce i molti sentieri che conducono in quella direzione. Egli li indicherà al nuovo viaggiatore, senza cercare di influenzarlo affinché prenda una direzione particolare, ma guidandolo lungo il cammino che egli avrà liberamente scelto.

In generale, la coscienza degli uomini è come una casa che è stata costruita da altri e secondo criteri che essi non avevano mai provato a rimettere in discussione, visto che la loro casa era stata costruita così, proprio come quella dei loro genitori prima di loro. L'uomo totale abbatte questa casa, traccia dei progetti adatti ai suoi gusti e alla sua fantasia, recupera tra le rovine della vecchia costruzione i materiali che gli sembrano riutilizzabili e, combinandoli con i nuovi componenti, costruisce una nuova abitazione perfettamente adatta alla sua vera personalità.

Gli uomini hanno delle case che assomigliano al loro livello di coscienza. Hanno sempre avuto delle case quadrate o rettangolari con tetti a doppia pendenza. Ebbene, essi continuano a costruire case di questo tipo, oppure a dimorare in vecchie costruzioni costruite su questo modello. Tutte sembrano dei templi greci, con dei muri verticali come colonne ed un tetto a doppia pendenza come il timpano situato al di sopra delle colonne greche. E questo continua anche oggi che le moderne tecniche di costruzione permettono ad ognuno di costruirsi una casa personalizzata, adatta ai suoi gusti, completamente rotonda, a forma di palla, di uovo, di piramide egiziana, di uccello o di albero, ecc. Queste case allineate e tutte simili tra loro, vendute adesso in serie, che formano degli orribili villaggi uniformi, riflettono esattamente il livello di coscienza di coloro che le abitano.

Eppure, paradossalmente, l'habitat è l'esempio tipico della capacità di autoprogrammazione del computer-uomo. Il merlo ha sempre fatto il suo nido allo stesso modo e lo farà sempre così. È nel suo programma genetico ed egli non può cambiarlo. L'uomo invece è capace di adattare il proprio habitat all'ambiente che lo circonda. Può costruire templi greci e piramidi, capanne di rami, igloo di ghiaccio, chalet di legno e grattacieli di cemento, cattedrali in pietra o torri in metallo e in vetro.

Ma non bisogna credere che questa particolarità dell'uomo, il fatto di essere un computer autoprogrammabile, sia la cosa che lo differenzia dai computer-macchine. Abbiamo precedentemente visto che i computer sono in grado, proprio come noi, di essere programmati per riprodursi da soli. Ebbene, si potrebbe benissimo programmare un computer perché sia autoprogrammabile, vale a dire capace di vivere, di lavorare e di riprodursi a partire da un programma di base, pur avendo la facoltà di modificare questo programma in funzione delle proprie esperienze e di trasmettere queste modifiche alla propria discendenza, cioè ai computer che costruirà in seguito. Si potrebbe anche pensare ad un computer "risvegliatore di menti", capace di andare a modificare i programmi dei computer che sono stati fabbricati prima di lui, e dunque non autoprogrammabili, per trasmettere loro questo vantaggio....

Attraverso la macchina, l'essere umano sta infatti scoprendo che in lui non esiste niente di misterioso, né riguardo alle proprie origini, né riguardo ai propri comportamenti. Tutto ciò che un uomo è capace di fare, anche un computer è capace di farlo, e ancora meglio. Questo si applica a tutto ciò che un uomo può compiere, compresa la creazione artistica. Esistono già dei computer capaci di comporre musica, di disegnare, ecc.

Quindi non è e non sarà mai possibile trovare qualche capacità tipica dell'uomo di cui un computer non possa essere dotato. Anche il fatto di potersi mettere in armonia con l'infinito… anche questo lo si potrebbe includere nel programma di un computer. Tutto ciò è meraviglioso, poiché l'uomo può finalmente guardarsi, senza il minimo dubbio, come un magnifico meccanismo e concentrarsi interamente sul conseguimento della felicità, dello sbocco grazie all'appagamento dei propri bisogni e di quelli di tutti i suoi simili, per costruire un mondo dove tutti gli uomini saranno felici di sentirsi infiniti ed eterni.

Libertà sessuale e non obbligo

Domanda:

I messaggi esaltano una libertà sessuale totale. Ma una coppia che scopre i Libri e vuole diventare raeliana è obbligata a praticare lo scambio di coppia?

Risposta:

Non bisogna confondere libertà ed obbligo.

Una coppia di raeliani che si amano profondamente e che non hanno voglia, né l'uno né l'altro, di avere esperienze con altri partner, devono restare insieme. Se la loro reciproca felicità risiede nello stare insieme e se essi non vedono l'utilità di vivere altre esperienze, la cosa è perfetta. Ognuno deve fare esattamente ciò che vuole.

La libertà sessuale è anche la libertà di sentirsi appagati con un solo partner. La libertà di restare insieme, una volta che ci si è trovati, una volta che abbiamo trovato qualcuno che corrisponde esattamente a ciò che cercavamo in un partner. D'altro canto, accade frequentemente che un'esperienza con un'altra persona vi faccia apprezzare maggiormente la compagnia del vostro partner abituale e vi faccia prendere più coscienza delle sue qualità. Nella sessualità, tutto è possibile e tutto è permesso. Insisto, permesso, e non obbligatorio...

Sin dagli inizi del Movimento Raeliano, ho visto molte coppie formarsi ed alcune di esse sembrano essere un tale successo che non riesco bene ad immaginare cosa potrebbero cercare altrove, se non la conferma del fatto che sono fatti l'uno/a per l'altro/a. D'altronde, alcuni individui sono sufficientemente risvegliati per comprendere che l'esperienza in sé non è necessaria.

Quando si è degli esseri umani totali, coscienti, non si ha bisogno di fare qualcosa per conoscerne il risultato. Si sa, si sente. A meno che non si tratti di contribuire al risveglio di un discepolo o di vivere un'esperienza che si ritiene essenziale per il proprio progresso personale.

Evidentemente, ciascuno deve seguire la propria strada come crede, nella misura in cui vengono rispettate tre regole fondamentali:
- il rispetto dei gusti e delle decisioni degli altri nella libera scelta dei loro partner.
- la coscienza permanente che gli altri non ci appartengono e che nessuno può essere proprietario di un qualsiasi altro essere umano.
- la preoccupazione di cercare sempre, e prima di tutto, la felicità di coloro che pensiamo di amare.

Su queste basi tutto è possibile, e numerosi raeliani vivono in coppia, a tre, a quattro o più, in perfetta armonia, siano essi omosessuali, eterosessuali o bisessuali.

Raelismo ed omosessualità

DOMANDA:

Qual è la posizione del raelismo di fronte all'omosessualità?

RISPOSTA:

È molto semplice: ognuno ha il diritto di disporre del proprio corpo come meglio crede. L'omosessualità non è un comportamento normale o anormale. Ognuno deve avere una vita sessuale in armonia con i propri gusti e le proprie tendenze naturali. Nel ventre della madre, la differenziazione sessuale di un individuo si fa sentire molto tardi, e ci sono degli uomini molto virili, degli uomini effeminati, delle donne molto mascoline e delle donne molto femminili, con tutte le gradazioni intermedie possibili e immaginabili. Tutto questo è genetico e rimproverare ad un omosessuale di essere un omosessuale è tanto stupido quanto rimproverare ad un uomo di essere un uomo o ad un gatto di essere un gatto. D'altro canto esistono molti animali che sono omosessuali e, in campagna, non è raro assistere ai sollazzi di cani, bovini o di volatili omosessuali. L'omosessualità è naturale quanto un cane o un pollo lo sono.

La cosa innaturale è voler obbligare gli altri ad avere la nostra stessa sessualità. Generalmente è ciò che fanno coloro che martirizzano le persone che non gli assomigliano. Sono in genere gli stessi che sono razzisti, tradizionalisti e militaristi.

L'aggressività verso gli omosessuali è una forma di razzismo. Proviene da persone che hanno una vita sessuale miserevole e che non possono tollerare che altre persone abbiano un'aria realizzata vivendo esperienze diverse.

Le stesse persone che condannano l'omosessualità, perdoneranno con molta facilità un uomo che avrà violentato una donna, quando si tratta invece di un crimine abominevole. Tra le guide raeliane ci sono uomini e donne omosessuali, eterosessuali e bisessuali, tutti pienamente soddisfatti, poiché coscienti di essere amati per ciò che sono e capaci di sbocciare vivendo il proprio corpo come meglio credono, in un'atmosfera di fratellanza che nessun'altra religione aveva mai apportato loro. Come si può continuare ad essere cattolici romani quando si sente l'usurpatore del Vaticano condannare l'omosessualità e continuare a rifiutare alle donne la possibilità di diventare preti. Due prove di razzismo e di sessismo che contribuiscono a far vedere la verità a coloro che hanno occhi.

Deisti ed evoluzionisti: i falsi profeti

Domanda:

È scritto che quando l'era dell'Apocalisse arriverà ci saranno molti falsi profeti. Chi sono?

Risposta:

Questi falsi profeti sono molto numerosi nella nostra epoca. Non dimenticate qual è il significato della parola "profeta", la sua etimologia. Ricordiamolo, significa "colui che rivela". I falsi profeti di oggi, i falsi rivelatori, sono innanzitutto coloro che cercano di riportare gli uomini verso le credenze primitive in un dio immateriale, impalpabile ma onnipotente, che sorveglia gli uomini uno ad uno, al fine di riservare loro un castigo o una ricompensa. Un concetto che, al contempo, mischia l'infinito (che effettivamente è impalpabile nella sua totalità poiché è infinito nello spazio ed eterno, ma senza alcuna coscienza di sé e quindi alcun potere sugli uomini né nel loro insieme, né individualmente) e i creatori, gli Elohim, che sono palpabili ed onnipotenti nel loro settore dell'infinito, ma che ci amano e ci lasciano liberi di evolverci nella nostra progressione scientifica e spirituale.

La seconda categoria dei falsi profeti di oggi è rappresentata da tutti coloro, scienziati e non, che attribuiscono l'origine della vita sulla Terra, e di conseguenza dell'uomo, ad una successione di eventi casuali che avrebbero operato durante quella che chiamano "evoluzione". Come ha detto Einstein, non esiste orologio senza orologiaio. E tutti coloro che credono che noi discendiamo dalla scimmia dopo una lenta evoluzione dovuta al caso, credono che il nostro meraviglioso orologio si sia creato da solo, per caso. Un po' come se si prendessero tutti i pezzi che compongono un orologio e, dopo averli scossi alla rinfusa dentro un grande sacco, si ottenesse un orologio perfettamente funzionante.

Potete provarci un miliardo di volte se vi sentite di farlo… Gli evoluzionisti sono anch'essi dei falsi profeti, dei falsi rivelatori, che distolgono dalla verità le grandi masse che pensano che ciò che proviene dai grandi preti in camice bianco, come lo sono alcuni ottusi rappresentanti della grande scienza ufficiale, sia necessariamente la verità. Essi allontanano volontariamente le masse disinformate dalla verità e dai nostri creatori, gli Elohim. Immaginate un po' cosa possono pensare i nostri creatori nel vedere gli uomini attribuire la loro opera al caso….

Il suicidio

DOMANDA:

Nel secondo libro di Rael, dal titolo "Gli Extraterrestri mi hanno portato sul loro pianeta", sta scritto che un essere che soffre troppo ha diritto di suicidarsi. Questo significa che il suicidio è una cosa buona?

RISPOSTA:

Tutti noi veniamo giudicati in base alle azioni che abbiamo compiuto durante la nostra vita. Chi ha compiuto una maggioranza di azioni positive, avrà accesso alla vita eterna in compagnia degli Elohim. Se un essere soffre troppo fisicamente, e la scienza umana è incapace di alleviare le sue sofferenze, egli può mettere fine ai suoi giorni. Se egli ha compiuto una maggioranza di azioni positive nel corso della sua vita, avrà accesso all'eternità. Altrimenti egli non verrà ricreato e per lui sarà il nulla. Se egli ha compiuto una maggioranza di azioni negative, potrà essere eventualmente ricreato per essere giudicato da coloro che ha fatto soffrire. Un essere che non soffre fisicamente e non è fisicamente menomato non deve suicidarsi, poiché ognuno è sulla terra per compiere qualcosa di specifico. Soprattutto i raeliani. Essi sono i portaparola degli Elohim e devono consacrare la loro vita alla diffusione dei messaggi dei nostri creatori. Il porre fine alla propria esistenza rappresenta un tradimento, significa abbandonare il proprio posto in pieno combattimento. Questo combattimento per il risveglio dell'Umanità che può permetterci di sopravvivere e di raggiungere l'era d'oro. Gli Elohim contano su ognuno di noi, ogni raeliano è prezioso per i nostri creatori.

Lo ripeto, l'unica eccezione è una sofferenza fisica troppo grande, che non può essere alleviata, o una menomazione delle proprie facoltà che non ci permette più di agire efficacemente.

Gli altri sono tutti dei messaggeri dei nostri padri che sono nei cieli e devono vivere per evangelizzare, vale a dire per portare agli altri la buona novella.

II

Nuove Rivelazioni

Il capitolo che segue contiene delle rivelazioni che Rael non poteva annunciare prima che fossero trascorsi tre anni dal viaggio durante il quale gli venne affidato il secondo messaggio.
Adesso che siamo nell'anno 34 (1979) queste cose possono essere conosciute da tutti.

Il diavolo non esiste, io l'ho incontrato

Non rabbrividite mentre vi chiedete se una creatura con delle corna e con malvagie intenzioni stia attendendo ben nascosta il momento per venire a punzecchiarvi la schiena con un tridente… Così come non esiste il "buon dio" dalla barba bianca, seduto su una nuvola con un fulmine nella mano destra, anche quest'altra creatura non esiste affatto.

Per i comuni mortali, il diavolo, Satana, Lucifero o il demonio, non sono altro che nomi diversi per designare la stessa persona che incarna le forze del male, così come la parola "apocalisse" significa per loro "fine del mondo".

Cerchiamo adesso di trovare il vero significato di questi termini.

"Satana" è certamente il più antico cronologicamente. Quando gli Elohim crearono i primi esseri viventi interamente sintetici nei laboratori del loro pianeta d'origine, una parte della popolazione del loro mondo protestò contro queste manipolazioni genetiche perché le riteneva pericolose per la loro civiltà. Temevano che un giorno gli scienziati avrebbero creato dei mostri che sarebbero potuti fuggire dai laboratori mettendo a rischio l'incolumità della popolazione. Sappiamo che sfortunatamente è proprio ciò che accadde, e il movimento che cercò di impedire questi lavori di ingegneria genetica alla fine trionfò. Il governo del pianeta degli Elohim vietò agli scienziati di proseguire le loro esperienze e li obbligò a distruggere tutti i loro lavori.

Il gruppo che ha combattuto contro queste manipolazioni genetiche era presieduto da uno degli Elohim chiamato Satana.

In seguito, gli scienziati riuscirono ad ottenere l'autorizzazione per andare a proseguire i loro esperimenti su un altro pianeta. Nei Vangeli, in Matteo, XIII, 3, si trova la descrizione, in una parabola, di quest'opera di creazione della vita su altri pianeti ad opera degli Elohim:

"Ecco che il seminatore è uscito a seminare".

"Di questi semi, alcuni sono caduti lungo il cammino e gli uccelli sono arrivati e li hanno divorati".

Gli uccelli, sono in effetti gli inviati di Satana, il quale pensava che il primo pianeta scelto dagli scienziati come sede per il proseguimento dei loro esperimenti sulla creazione della vita in laboratorio, fosse troppo vicino al loro mondo e che, se gli esseri creati fossero stati sfortunatamente più intelligenti dei loro stessi creatori e si fossero rivelati degli esseri violenti, questo sarebbe stato pericoloso per la popolazione del loro pianeta. Il governo accordò loro l'autorizzazione a distruggere nuovamente il lavoro degli scienziati.

Costoro dovettero cercare un altro pianeta che si prestasse alla prosecuzione dei loro esperimenti. Dopo altri due nuovi fallimenti, dovuti l'uno all'eccessiva vicinanza di un astro i cui raggi nocivi bruciarono la loro creazione, l'altro ad una vegetazione troppo invadente, essi finirono per trovare un pianeta che riuniva tutti gli elementi perché la loro creazione potesse essere avviata senza rappresentare un pericolo troppo grande agli occhi dell'associazione presieduta da Satana.

> Altri semi sono caduti in un suolo roccioso, dove non c'era molta terra; e così per mancanza di terreno profondo nacquero subito, ma al sorgere del sole rimasero bruciati e, non avendo radici seccarono. Parte dei semi cadde tra le spine; ma queste, crescendo li soffocarono. Infine, una parte dei semi cadde su terreno buono, tanto da dar frutto dove il cento, dove il sessanta, dove il trenta. Chi ha orecchi, intenda! (*Matteo, XIII, da 4 a 9*)

Si sa che gli Elohim a quell'epoca crearono la vita anche su altri due pianeti, da cui l'allusione ai "tre raccolti".

Ma si sa anche che il governo del pianeta degli Elohim permise agli scienziati di venire sulla Terra per proseguire i loro esperimenti a condizione che non creassero esseri a loro immagine. Il primo messaggio spiega come essi decisero di infrangere questo divieto, e quale fu la razione dei loro dirigenti. Venne vietato loro in maniera tassativa di rivelare ai primi uomini terrestri che vennero fabbricati, chi erano nella realtà i loro creatori e come avevano agito. Pretesero inoltre che li si obbligasse a temere i creatori e chiesero agli scienziati di farsi passare per degli esseri soprannaturali, in qualche modo divini.

Satana pensava che non ci si poteva aspettare nulla di buono da queste creature costruite in laboratorio. Che dall'uomo poteva soltanto venire del male.

Quindi si comprende perfettamente che Satana è semplicemente uno degli Elohim. Possiamo dire che, sul loro pianeta, egli dirige un partito politico contrario alla creazione di esseri artificiali fatti a loro immagine e che altri Elohim pensano di poter creare positivi e non violenti.

Ed è qui che interviene Lucifero, nome che etimologicamente significa "portatore di luce". Lucifero è uno degli Elohim che ha creato la vita sulla Terra e, quindi, anche gli esseri umani.

Alla testa di un piccolo gruppo di scienziati che lavoravano in uno dei loro laboratori di ingegneria genetica e studiavano le reazioni dei primi uomini sintetizzati, egli decise, di fronte alle straordinarie capacità della loro creazione, di infrangere le direttive del governo del suo pianeta e di rivelare a questi esseri che i creatori non erano degli "déi", ma uomini come loro, fatti di carne ed ossa, venuti dal cielo a bordo di macchine volanti fabbricate con materiali palpabili.

Accadde che Lucifero e gli Elohim che lo seguivano, iniziarono ad amare, come se si trattasse dei loro stessi figli, questi esseri che essi studiavano lungo tutto l'arco della giornata e che venivano obbligati a venerarli come dei. Essi non poterono più sopportare di vedere delle creature che ritenevano perfettamente riuscite sia fisicamente che psichicamente, belle ed intelligenti, prostrarsi di fronte a loro proprio come davanti a degli idoli. Tutto questo perché il governo del loro pianeta originale, presieduto da Jahvé, aveva loro formalmente vietato dire la verità e li aveva obbligati a rappresentare permanentemente la commedia del soprannaturale. Lucifero, il "portatore di luce", portò dunque la "luce" agli esseri umani, rivelando loro che i creatori non erano déi ma uomini come loro, agendo così in opposizione a ciò che esigeva Satana il quale pensava che dall'uomo non potesse provenire altro se non il male, e disobbedendo così agli ordini di Jahvé, il presidente del consiglio degli Eterni, governante del pianeta degli Elohim.

Nessuna bestiola cornuta in vista, in tutto ciò...

Jahvé condannò gli scienziati che avevano disobbedito ai suoi ordini, a vivere in esilio sulla Terra. Condannò il "serpente" a strisciare per terra - sta scritto poeticamente - e fece scacciare gli uomini dai laboratori, dal "paradiso terrestre" dove venivano nutriti ed alloggiati senza che dovessero fare il minimo sforzo.

Ma Satana non depose le armi. Egli desiderava che gli esseri creati venissero totalmente distrutti perché li giudicava pericolosi a causa della loro violenza. Con il passare degli anni, Satana accumulò le prove dell'aggressività degli uomini, osservando il modo in cui essi si uccidevano fra loro con le armi fornite loro dai figli degli Elohim esiliati del gruppo di Lucifero. Questi ultimi si abbandonarono a teneri svaghi in compagnia delle figlie degli uomini, le quali riuscirono a farsi dare da loro delle armi in cambio del loro fascino, dietro il fallace pretesto che le avrebbero consegnate ai loro padri o ai loro fratelli per aiutarli a trovare del cibo cacciando. Gli uomini, in realtà, si affrettarono con questo arsenale a scatenare orribili battaglie.

Di fronte alle prove di una tale carneficina portate da Satana di fronte al consiglio degli Eterni, Jahvé decise di fare quello che Satana richiedeva, vale a dire distruggere totalmente la vita creata sulla Terra e permettere all'equipe di Lucifero di ritornare sul pianeta degli Elohim, concedendo loro l'amnistia per la condanna all'esilio.

Ma questi ultimi vennero a sapere che tutta la loro fantastica creazione sarebbe stata distrutta. Essi non poterono accettarlo, persuasi che tra gli uomini esistevano degli esseri non violenti che, al contrario, erano animati dall'amore e dalla fraternità. Tra questi si trovava Noé. Essi lo aiutarono a costruire un vascello spaziale che, da qualche parte in orbita intorno al nostro pianeta, avrebbe protetto dalla distruzione certi esseri umani ed alcune specie animali di cui venne preservato il codice genetico al fine di ricrearle dopo il cataclisma.

Ed è proprio in quel momento che gli Elohim si accorsero che anche loro erano stati creati in laboratorio da esseri venuti sul loro pianeta da un altro mondo, allo stesso modo in cui essi avevano creato gli esseri umani. Decisero allora che mai più avrebbero cercato di distruggere l'Umanità ed aiutarono il gruppo di Lucifero a reimpiantare sulla Terra le forme di vita che erano state preservate all'interno "dell'arca". Tutto ciò malgrado Satana, il quale non cedette e rimase persuaso che dagli uomini non potesse venire altro che il male. Egli però si inchinò di fronte alla maggioranza di coloro che, dietro a Jahvé, pensavano il contrario in seno al consiglio degli Eterni. Jahvé infatti aveva compreso nel messaggio che si trovava all'interno del vascello automatico proveniente dal mondo dei creatori degli Elohim, che, se gli uomini fossero stati violenti, si sarebbero autodistrutti una volta scoperte le energie grazie alle quali avrebbero potuto raggiungere un livello di civiltà interplanetaria.

Gli Elohim decisero allora di lasciare che gli uomini progredissero da soli e scelsero, o fecero nascere tra loro, degli esseri che sarebbero stati incaricati di dar vita a delle religioni allo scopo di conservare le tracce dell'opera dei nostri creatori. Ciò avrebbe permesso loro di venire riconosciuti come tali quando i tempi fossero stati maturi e quando gli uomini fossero stati sufficientemente progrediti dal punto di vista scientifico per comprendere razionalmente ogni cosa.

Ma prima di affidare dei messaggi così importanti a questi uomini, bisognava assicurarsi che essi sarebbero rimasti fedeli ai loro creatori e che non avrebbero tradito ciò che sarebbe stato detto loro. E così venne affidato a Satana il compito di testare i profeti.

Ma come si poteva testare la fedeltà di questi uomini? Semplice... Dopo che erano stati contattati dai messaggeri degli Elohim che avevano annunciato loro quale sarebbe stata la loro missione, Satana o uno dei suoi inviati contattava a sua volta il futuro profeta e gli parlava molto male degli Elohim, calunniava i creatori, cercando di fare in modo che il futuro messaggero rinnegasse i suoi padri o accettasse di tradirli in cambio, ad esempio, di vantaggi materiali. Ora, come si dice in greco "calunniatore"? Ovviamente "diabolos"! Ed ecco il nostro famoso diavolo, ma egli continua a non avere né corna né zoccoli...

Gesù ad esempio, in occasione della sua iniziazione nel deserto che durò quaranta giorni, dovette ad un dato momento confrontarsi con il "diavolo" per vedere se avrebbe rinnegato suo padre.

> Allora Gesù fu condotto nel deserto dallo Spirito, per essere messo alla prova dal diavolo. (*Matteo, IV, 1.*)

Il che vuol dire in termini più chiari: "Allora Gesù fu condotto nel deserto per essere messo alla prova dal calunniatore".

In seguito vengono descritte le diverse prove imposte dal "diavolo". Innanzitutto egli chiede a Gesù di tramutare delle pietre in pane per provare che egli è proprio il figlio di dio:

> "Se tu sei il figlio di dio, dì che queste pietre diventino pane". "E Gesù rispose: "è scritto: l'uomo non vive di solo pane ma anche di ogni parola che esce dalla bocca di Dio". (*Matteo, IV, 3-4*)

Gesù risponde a Satana che essere fedele agli Elohim è più importante del fatto di avere da mangiare, visto che il "diavolo" gli parla proprio in un momento in cui egli era affamato, dopo aver digiunato per molto tempo. Gesù viene poi condotto sul pinnacolo del tempio. Qui Satana gli chiede di saltare e gli dice che gli angeli di "dio" avrebbero attutito la sua caduta affinché egli non si ferisse:

> Se sei figlio di dio, gettati giù; poiché è scritto «Egli darà degli ordini per te ai suoi angeli, ed essi ti sorreggeranno sulle braccia perché tu non urti qualche sasso con il tuo piede».

Gesù gli dice:

> ...sta anche scritto: Tu non tenterai il signore dio tuo. (*Matteo, IV, 6-7*)

Gesù risponde al diavolo che non è stato messo al mondo per mettere inutilmente alla prova i suoi creatori, provando così che egli non chiederà loro di intervenire in ogni momento per aiutarlo.

Poi Satana conduce Gesù su un'alta montagna e gli propone di diventare un potente e ricco re della Terra:

> Il diavolo lo condusse con sé sopra un monte altissimo e gli mostrò tutti i regni del mondo e la loro magnificenza. E gli disse: "Tutte queste cose io ti darò se prostrato a terra mi adorerai". Allora Gesù gli disse: "Vattene Satana, poiché sta scritto: tu ti prostrerai solo davanti al signore dio tuo e servirai soltanto lui". Allora il diavolo lo lasciò, ed ecco che degli angeli si accostarono a lui, per servirlo. (*Matteo, IV, 8-11*)

Gesù qui dà prova della sua fedeltà agli Elohim, che preferisce servire piuttosto che diventare ricco e potente. Bisogna a questo proposito notare che egli chiama il calunniatore con il suo nome, poiché lo chiama Satana. E dopo che la prova ha avuto un buon esito, gli "angeli", i messaggeri degli Elohim, si avvicinano a Gesù per terminare la sua iniziazione.

Gesù non è stato il solo ad essere stato messo alla prova dal "diavolo". Anche Giobbe venne testato da Satana e l'inizio del libro di Giobbe è particolarmente eloquente poiché indica con molta chiarezza i buoni rapporti, potremmo anche dire i rapporti molto fraterni, che esistono tra Jahvé e Satana.

> Accadde che un giorno i figli degli Elohim si presentarono davanti al signore e tra di essi venne anche Satana. Jahvé disse a Satana: "Da dove vieni?". Satana rispose a Jahvé: "Dal vagabondare sulla terra dopo averla girata". E Jahvé a Satana: "Hai fatto attenzione al mio servo Giobbe? Sulla terra non c'è un altro come lui: uomo integro e retto, timorato di Elohim e alieno dal male".

> Satana rispose a Jahvé e disse: "Forse che Giobbe teme Elohim per niente? Non hai forse protetto con uno steccato lui, la sua casa e tutto ciò che possiede? Tu hai benedetto le sue imprese e i suoi greggi si dilatano nella regione. Ma stendi la tua mano e colpisci i suoi possedimenti e vedrai come ti maledirà in faccia!". Jahvé disse a Satana: "Ecco, tutto ciò che è suo, è in tuo potere; però non portare la tua mano sulla sua persona". E Satana si ritirò dalla presenza di Jahvé. (*Giobbe I, 6-12*)

Qui si nota molto chiaramente che Jahvé è gerarchicamente al di sopra di Satana, ma che in un certo senso lo autorizza ad esercitare la sua attività, di "oppositore politico", affidandogli Giobbe. Questo perché egli provi che è possibile fare in modo che un uomo che rispetta profondamente gli Elohim e che li ama sinceramente, si metta ad odiarli, se è afflitto dalla disgrazia, dalla rovina o dalla malattia.

Effettivamente, Satana rovina completamente Giobbe, ma quest'ultimo continua ad amare e rispettare gli Elohim.

> Allora Giobbe, alzatosi, si strappò il manto, si rase il capo, e caduto a terra, prostrato disse: "Nudo sono uscito dal ventre di mia madre e nudo vi tornerò! Jahvé ha dato e Jahvé ha tolto. Sia benedetto il nome di Jahvé".
>
> In tutto ciò Giobbe non commise peccato né proferì alcuna insolenza contro gli Elohim. (*Giobbe, I, 20-22*)

Ma Satana non demorde, e si reca a fare il proprio rapporto al presidente del consiglio degli Eterni:

> Avvenne che un giorno i figli degli Elohim andarono a presentarsi davanti a Jahvé; fra essi venne anche Satana per presentarsi davanti a Jahvé. Jahvé disse a Satana: "Donde vieni?". Satana rispose a Jahvé: "Dal vagabondare sulla terra dopo averla girata". Jahvé replicò a Satana: "Hai fatto attenzione al mio servo Giobbe? Sulla terra non c'è un altro come lui: uomo integro e corretto, timorato degli Elohim ed alieno dal male. Egli persevera ancora nella sua integrità e senza ragione, tu mi hai eccitato contro di lui per rovinarlo". Ma Satana rispose a Jahvé: "Pelle per pelle! Tutto quanto possiede l'uomo è pronto a darlo per la sua vita. Ma stendi, di grazia, la tua mano e colpisci le sue ossa e la sua carne; vedrai se non ti maledirà in faccia!". E Jahvé disse a Satana: "Eccolo in tuo potere! Soltanto risparmia la sua vita". (*Giobbe, II, 1-6*)

Jahvé permette allora a Satana di rovinare la salute di Giobbe, per vedere se egli continuerà ad amare i suoi creatori. E Giobbe continua a rispettare gli Elohim. Semplicemente, egli si mette a chiedere a Jahvé perché lo ha fatto nascere se è solo per affliggerlo con tante disgrazie. Alla fine Jahvé interviene, gli spiega a grandi linee ciò che è avvenuto, cerca di farlo ragionare spiegandogli che ha avuto torto nel giudicare lo sperimentatore rimpiangendo la propria esistenza, e restituisce a Giobbe la salute e beni ancora più grandi di quelli che possedeva prima di venire rovinato.

Alla fine dell'incontro che avevo avuto con Jahvé all'interno del vascello di collegamento, costui si assentò per alcuni istanti dicendomi che mi avrebbe ritrovato un po' più tardi. Uno degli altri due Elohim mi chiese allora di seguirlo.

Egli mi condusse in una piccola sala meravigliosamente decorata le cui pareti ricordavano l'interno di una piramide circolare. I muri sembravano essere percorsi da correnti luminose e ricoperti da onde multicolori che si muovevano al ritmo di una musica creata su vibrazioni meravigliosamente rilassanti. Dopo avermi fatto accomodare su una confortevole poltrona ricoperta di una pelliccia nera molto soffice che dava l'impressione di essere seduti su di una sedia vivente, egli disse:

"Devo avvertirla che fra noi Elohim non esiste una sola attitudine riguardo all'avvenire dell'Umanità. Jahvé pensa che gli uomini siano buoni e desidera lasciarli progredire autonomamente, persuaso che essi si autodistruggeranno se sono negativi. Io e coloro che mi sostengono, e sono numerosi, pensiamo che gli uomini siano cattivi e desideriamo accelerare la loro autodistruzione. Noi le proponiamo di aiutarci ad accelerare questa catastrofe finale che purificherà l'universo distruggendo degli esseri che sono soltanto il frutto di un esperimento fallito. Se lei continuerà a compiere la missione che le è stata affidata da Jahvé, resterà in povertà, dovrà subire il sarcasmo di tutti e ne soffrirà, verrà forse imprigionato o ucciso dai suoi fratelli, gli esseri umani. Se accetta di aiutarmi applicando il mio progetto che si basa su un'attivazione delle diverse forme di razzismo presenti nell'uomo, al fine di provocare lo scoppio di una guerra mondiale razziale, sarà rapidamente potente e ricco. Il suo compito consisterà nel far pubblicare i libri che le detterò e che le permetteranno di strutturare diversi movimenti spirituali e politici finalizzati ad esaltare la distruzione delle razze arabe, gialle e nere, che detengono le ricchezze e le materie prime di cui la razza bianca ha bisogno e che merita di avere, visto che ha inventato le tecniche che permettono di ricercarle e di utilizzarle.

Verrete salvati da questo conflitto planetario lei e tutti quelli che l'avranno aiutata a farlo scoppiare. Vi condurremo in tutta sicurezza a bordo di uno dei nostri vascelli e, in seguito, vi permetteremo di ritornare sulla Terra dopo che tutto sarà stato distrutto. Potrete allora dare origine ad una nuova civiltà che lei governerà a suo piacimento e con il nostro appoggio.

Nell'attesa, fin dal suo ritorno sulla Terra, verrà versata sul conto di una fondazione svizzera incaricata di aiutarla, la somma che desidera, un miliardo, cinque miliardi, dieci miliardi, ed ancora di più se vuole. Sarà lei a stabilire la somma e, se dopo qualche tempo le occorresse una somma maggiore, verranno immediatamente effettuati nuovi versamenti.

E non è tutto, se accetta di aiutarci, lei e quelli che sceglierà avrete la vita eterna.

La sola cosa che le chiediamo è di fare in modo che gli uomini distruggano la loro spaventosa civiltà. Per fare questo, bisognerà anche dire loro che lei ha incontrato un extraterrestre, ma che è stato avvertito di una loro prossima invasione della Terra. Noi le forniremo le prove della nostra esistenza e più nessuno dubiterà delle sue affermazioni. In tal modo gli uomini incrementeranno ancora di più i loro armamenti allo scopo di difendersi dal cielo e questo sortirà l'effetto di impedire a Jahvé di poterli avvicinare per evitare che si uccidano tra di loro e di potenziare ancora di più gli stock di armi nucleari e l'aggressività terrestre.

Rifletta... da un lato le si chiede di agire per una causa che in ogni caso è una causa persa, poiché presto o tardi gli uomini faranno saltare tutto sul loro pianeta, senza darle prove per convincere i suoi fratelli né alcun aiuto finanziario, lasciandole subire l'ironia, i fastidi con la giustizia e le forze dell'ordine che la condurranno forse in prigione, senza tener conto di un possibile gesto di un fanatico che potrebbe assassinarla poiché lei dice che dio non esiste... E dall'altro lato la mia proposta, che farà immediatamente di lei un uomo ricco e rispettato che contribuirà soltanto ad accelerare un processo che si è comunque già innescato.

Allora. Cosa decide? Vuole riflettere qualche giorno prima di darmi una risposta?"

Io gli risposi: "Non sono affatto persuaso che l'Umanità si autodistruggerà, anche se ci sono nove possibilità su dieci che questo avvenga. Anche se esistesse soltanto una possibilità su mille di vedere gli uomini sopprimere la violenza e sfuggire alla distruzione, penso che varrebbe comunque la pena tentare. Voglio credere che gli uomini comprenderanno prima che sia troppo tardi. Ed anche se ciò non accadesse, Jahvé mi ha detto che coloro i quali hanno lottato perché la pace e la non violenza trionfino, verrebbero salvati dal cataclisma finale e potrebbero ripopolare la terra cercando di farne infine un mondo di fraternità. La sua proposta dunque non porta niente di meglio, salvo che, nel suo progetto, ad essere salvati sono quelli che avrebbero contribuito a far esplodere la violenza; e la civiltà che essi impianterebbero successivamente sulla terra potrebbe soltanto essere a sua volta violenta a causa del carattere dominatore dei suoi fondatori, direttamente, socialmente ed ereditariamente.

Il fatto poi di spaventare gli uomini dicendo loro che degli extraterrestri invaderanno la terra, in effetti potrebbe soltanto fare aumentare le paure e, di conseguenza, l'aggressività sul nostro pianeta. Quindi, anche se esistesse una sola possibilità su mille di sventare il disastro prima di un simile intervento, di certo questa si ridurrebbe almeno della metà in seguito. Uno dei fattori più importanti che contribuiranno ad una diminuzione della violenza tra gli uomini, è certamente l'apertura sull'universo, sull'infinito. Se tutti gli uomini guardassero verso il cielo con speranza e fraternità, si sentirebbero molto più vicini gli uni agli altri e penserebbero meno ad uccidersi tra di loro.

Infine, io non desidero diventare né ricco né potente. Non ho quasi nulla, ma quel po' che ho mi basta per essere molto felice. La missione che compio riempie la mia vita e mi colma di felicità. Mi è sufficiente avere di che nutrire i miei figli ed un tetto per proteggerli, e tutto questo lo possiedo già grazie al fedele sostegno di alcuni dei miei discepoli che vogliono aiutarmi a far conoscere la verità agli esseri umani. Non posso vivere allo stesso tempo in due case, né guidare due macchine e, se anche fossi proprietario della mia casa, di certo non dormirei meglio ed il fuoco nel camino non sarebbe più caldo. Quanto al compimento della missione affidatami da Jahvé, preferisco molto di più che essa si compia grazie allo sforzo collettivo di quelli che vogliono accogliere gli Elohim, ed è questa la più bella prova d'amore che noi possiamo dare ai nostri creatori".

"Rifiuta dunque la mia proposta?" mi chiese il mio interlocutore.

"Sì, per tutte le ragioni che le ho appena esposto ed anche perché fondamentalmente sono contrario alla violenza".

"È sicuro che non lo rimpiangerà? Non preferisce prendere un po' di tempo per riflettere?" ribatté.

"Non cambierò mai opinione qualunque cosa possa accadermi. Anche se la mia vita fosse in pericolo preferirei lottare perché l'amore e la fratellanza regnino tra gli uomini e perché essi riservino ai loro creatori l'accoglienza che è loro dovuta".

In quel momento la porta della stanza dove ci trovavamo si aprì ed apparve Jahvé, accompagnato dall'altro Eloha. Egli mi disse:

"Sono molto felice del fatto che lei abbia reagito così alle proposte che le sono state appena fatte. Ero sicuro che sarebbe stato così, ma Satana, nostro fratello, il quale l'ha appena messa alla prova, ne sarà convinto soltanto quando gli uomini si saranno uniti, avranno soppresso il denaro e le armi, quando insomma ci si potrà attendere da loro qualcosa di positivo. Il mio secondo compagno, che vede così rallegrato dal suo comportamento, è Lucifero che per primo ha dato fiducia agli uomini, anche prima che io stesso capissi che non dovevamo intervenire per lasciare invece che l'uomo superasse da solo la prova finale dell'annullamento della violenza".

Satana mi disse allora che non pensava che ci fosse più di una dozzina di uomini come me sulla Terra. Anche il suo volto era molto fraterno. Egli aggiunse anche che, a suo avviso, non era perché esistevano delle rare eccezioni che l'uomo meritava di esistere.

Ci dirigemmo poi verso il vascello più grande che mi avrebbe condotto sul pianeta degli Eterni affinché la mia iniziazione fosse completata, com'è raccontato nel libro contenente il secondo messaggio.

Mio padre che è nei cieli

In occasione del mio primo incontro con questo extraterrestre che non sapevo ancora essere Jahvé, il presidente del consiglio degli Eterni, gli chiesi perché mi avessero scelto come loro messaggero. Mi rispose che avevano deciso di "scegliere" qualcuno nato dopo l'esplosione atomica avvenuta il 6 agosto 1945 a Hiroshima. Ed aggiunse: "Noi la seguiamo sin dalla sua nascita ed anche prima" com'è scritto nel primo messaggio, il Libro che dice la Verità.

Inizialmente, questa risposta mi aveva molto affascinato e durante i due anni che intercorsero tra il primo ed il secondo messaggio, mi posi molte domande a tale proposito. Dovetti attendere di rivedere Jahvé per essere totalmente illuminato. Mi rivelò la verità riguardo alla mia origine mentre eravamo sul pianeta degli Eterni, alla fine del suo discorso, che è riportato nel secondo messaggio, in cui si rivolse al popolo di Israele in particolare.

Mi fecero indossare ancora una volta una di quelle cinture con una grande fibbia che ci permettevano di spostarci in aria seguendo delle correnti di onde, e mi ritrovai ad una ventina di metri al di sopra di una vegetazione lussureggiante dopo essere lentamente usciti dal laboratorio dove mi avevano modificato la mente seduto su di una strana poltrona a forma di conchiglia. In qualche decina di secondi ci avvicinammo ad una radura paradisiaca dove si trovavano alcuni dei profeti con i quali avevo condiviso il pasto poco prima. Ad alcune centinaia di metri più in basso, potevo vedere immense e magnifiche spiagge che delimitavano un mare di un blu così profondo e bello che nessuna cala del Mediterraneo avrebbe potuto eguagliare. Si sarebbe detto il blu di una piscina californiana che però si estendeva sino all'orizzonte. Grandi superfici rosa coloravano in alcuni punti questo mare, in altri punti esse erano verdi, e, guardando meglio, potei scorgere tracce di tutti colori, gli uni più belli degli altri, come se il fondo del mare fosse stato dipinto per decine di chilometri. Chiesi da dove provenissero quelle tinte straordinarie. Mi risposero che si trattava di alghe che davano all'acqua quelle colorazioni. Alghe che erano state create e collocate artisticamente perché i loro colori producessero l'effetto che avevo notato.

La cintura mi permise di scendere piano nella piccola radura, molto vicino al piccolo gruppo di persone costituito da una decina di profeti. Colui che mi era stato presentato come Gesù ci venne incontro.

Con Jahvé, andammo a sederci su delle sedie scolpite nella roccia e ricoperte di quella meravigliosa pelliccia nera che sembrava viva, situate su di una sporgenza rocciosa che dominava il mare.

Mi chiese allora se nel corso dei due anni che seguirono i nostri primi incontri, non ci fosse stata una domanda in particolare che mi aveva occupato la mente più delle altre. Senza esitare gli risposi che effettivamente mi ero chiesto cosa avesse voluto dire quando mi aveva spiegato che essi mi seguivano "sin dalla nascita ed anche da prima". Avevo più e più volte rigirato la questione nella mia testa chiedendomi se questo significasse che essi avevano selezionato i miei genitori prima che mi concepissero e se essi li avessero teleguidati perché mi facessero nascere, oppure se si conoscessero già quando vennero selezionati, o ancora se mi avessero già concepito quando furono scelti, o piuttosto quando l'embrione da loro creato venne selezionato.

Jahvé rispose a questa domanda molto importante per me, e la sua risposta fu ancora più straordinaria di quanto avessi potuto immaginare. Cessando improvvisamente di darmi del lei, come aveva sempre fatto quando si rivolgeva a me, disse:

"Colui che tu consideravi tuo padre non era tuo padre. Dopo l'esplosione della bomba atomica di Hiroshima noi abbiamo deciso che era giunto il momento di inviare sulla terra un nuovo messaggero, l'ultimo dei profeti, il primo che si sarebbe rivolto agli uomini chiedendo loro di comprendere e non di credere. Abbiamo dunque selezionato una donna esattamente come avevamo fatto all'epoca di Gesù. Questa donna fu condotta a bordo di uno dei nostri velivoli e qui venne inseminata proprio come avevamo fatto per la madre di Gesù. Poi venne liberata, dopo che dalla sua memoria venne completamente cancellata ogni traccia di ciò che era appena successo.

Avevamo preventivamente fatto in modo che un uomo incontrasse questa donna, un uomo che avesse mezzi sufficienti perché il futuro nascituro fosse allevato decorosamente. Era necessario che quest'uomo fosse di una religione diversa da quella della donna affinché il bambino venisse allevato senza essere fortemente condizionato da una religione. È per questo che colui che hai preso per tuo padre, e che credevi lo fosse, era ebreo.

Il tuo vero padre è anche il padre di Gesù, che è dunque tuo fratello, e questo padre tu lo hai ora di fronte a te. Colui che hai scambiato per tuo padre era, come Giuseppe, incaricato di sovvenire ai bisogni di tua madre ed ai tuoi fino a quando tu fossi stato in grado di sbrogliartela da solo.

A partire da adesso potrai rivolgerti a me dandomi del tu, poiché sei mio figlio ed io sono tuo padre".

Questo fu per me il momento più emozionante di tutto il viaggio, e potei vedere nello sguardo di Jahvé un'emozione altrettanto grande e molto amore. Anche Gesù sembrava provasse gli stessi sentimenti.

Poi potei abbracciare mio padre e mio fratello per la prima volta.

In seguito mi chiese di non rivelare questo legame di parentela agli uomini prima che fossero trascorsi tre anni. Ed ecco perché io non ne ho fatto allusione fino ad ora.

Ad ogni modo tutto questo ha scarsa importanza, poiché non bisogna commettere nuovamente l'errore degli uomini che riconobbero Gesù come un messaggero del cielo: non è il messaggero ad essere importante, ma il messaggio. "Gesù è venuto per mostrare la strada da seguire e gli uomini hanno tenuto gli occhi fissi sul suo dito", ha detto un grande pensatore e, sfortunatamente, è proprio la verità.

Anch'io, Rael, vi mostro la strada da seguire, trasmettendovi le informazioni datemi da mio padre che è "nei cieli". La cosa importante è riconoscere gli Elohim come nostri padri e preparare per loro l'ambasciata che reclamano qui sulla Terra, e non prestare attenzione al messaggero. Soltanto il messaggio è importante, e attraverso di esso il riconoscimento di coloro che lo inviano, e non del messaggero.

Non guardate il mio dito, ma la direzione che esso indica!

Messaggio di Jahvé agli uomini della terra: l'apocalisse del cataclisma nucleare finale

Io Jahvé, per bocca del mio profeta Rael, mi rivolgo agli uomini della Terra.

Sfortunatamente, esiste soltanto una possibilità su cento perché la vostra Umanità non si autodistrugga, ed ogni raeliano deve agire come se gli uomini fossero alla fin fine così saggi da cogliere questa piccola chance per sfuggire al cataclisma finale ed entrare così nell'Era d'Oro. O meglio, ogni raeliano deve contribuire con il suo lavoro di risvegliatore di menti a dare la forza a quest'unica e debole chance di sopravvivenza per evitare che essa si assottigli sempre di più.

È impossibile prevedere l'avvenire perché è impossibile viaggiare nel tempo, ma è possibile prevedere l'avvenire di un'entità biologica, e l'Umanità intera può essere considerata come un'entità biologica. Uno scienziato che feconda una donna primitiva può predirle il suo avvenire, può annunciarle che nove mesi più tardi partorirà un bambino e può anche dirle quale sarà il sesso del bambino.

Allo stesso modo, noi che abbiamo l'abitudine di creare la vita su un'infinità di pianeti, sappiamo con precisione ciò che avviene quando un'Umanità giunge al vostro livello tecnologico senza avere raggiunto un equivalente livello di saggezza.

Ecco perché, se non si può predire l'avvenire degli individui, si può invece prevedere ciò che normalmente accadrà ad un organismo vivente in corso di gestazione, o ad un'Umanità in corso di evoluzione.

Quando una prima cellula viene creata nel ventre di una madre grazie all'incontro di uno spermatozoo con l'ovulo, essa possiede in sé tutte le informazioni per creare un essere completo, dotato di molteplici funzioni. E più le cellule sono numerose, più le funzioni sviluppate sono numerose. Il numero di funzioni è proporzionale al numero di cellule ottenute per divisioni successive, fino ad ottenere un bambino pronto a nascere poiché possiede un organismo che riunisce tutti gli organi utili al compimento delle funzioni di cui necessiterà.

Vale esattamente la stessa cosa per l'Umanità, se consideriamo ogni essere umano come una cellula del grande essere in gestazione che è l'Umanità.

Il numero delle funzioni, delle scoperte, ed il livello tecnologico degli uomini è proporzionale al numero di esseri umani. Noi potevamo dunque prevedere con facilità che l'era dell'Apocalisse sarebbe arrivata quando gli uomini sarebbero stati in grado di ridare la vista ai ciechi fabbricando delle protesi elettroniche, quando sarebbero stati capaci di portare la loro voce al di là degli oceani costruendo satelliti per telecomunicazioni, quando sarebbero stati in grado di uguagliarsi a coloro che essi avevano preso per "dio" creando degli esseri sintetici in laboratorio, ecc.

Tutte queste predizioni si fondano infatti su una conoscenza approfondita della biologia delle specie. Si sa che un feto formerà gli occhi ad un dato mese della sua crescita, il sesso ad un altro mese, ecc., e per una specie vivente in corso di progressione si sa che essa farà le scoperte che le permetteranno di compiere tale o tal altra prodezza scientifica dopo tanti secoli o millenni. È esattamente la stessa cosa.

Nel passato abbiamo dettato dei testi ai nostri antichi messaggeri affinché un giorno potessimo essere riconosciuti dagli uomini. Sapevamo che sarebbero giunti i tempi in cui avremmo potuto apparire apertamente senza per questo creare delle nuove religioni deiste. Sapevamo che sarebbero giunti i tempi in cui gli esseri umani sarebbero stati in grado di comprendere.

Tra questi testi, abbiamo dettato a Giovanni l'Apocalisse.

Grazie ad uno dei nostri strumenti visualizzatori molto simili ai vostri televisori, gli abbiamo fatto vedere alcuni avvenimenti che descrivevano ciò che sarebbc potuto accadere agli esseri umani quando fossero giunti nell'era dell'Apocalisse.

Sfortunatamente il testo dell'Apocalisse di Giovanni è stato arricchito di elementi estranei e deformato dai copisti i quali non potevano essere altro che deisti, essendo primitivi.

Giovanni inizia però il suo racconto descrivendo proprio il suo incontro con noi:

> "Rapito in estasi nel giorno del Signore, udii dietro a me una voce possente, come di una tromba." (*Apocalisse di Giovanni, I, 10*)

Egli spiega che una domenica, chiamata il "giorno del Signore", mentre cercava di comunicare telepaticamente con noi, condizione che chiama "essere in estasi", sentì una voce metallica, come una "tromba", cosa che oggi voi conoscete bene, voi che avete l'abitudine di ascoltare suoni prodotti da altoparlanti elettrici.

Poi Giovanni si gira per vedere quello che sta dietro di lui:

> "Mi voltai per vedere chi fosse quello che mi parlava; voltandomi, vidi sette candelabri d'oro ed in mezzo ad essi uno simile a figlio di uomo. Indossava una tunica lunga ed era cinto all'altezza del petto con una fascia dorata. I capelli della sua testa erano bianchi, simili a lana candida, come neve. I suoi occhi erano come fiamma ardente. I suoi piedi avevano l'aspetto del bronzo del Libano, quando è stato purificato nel crogiolo. La sua voce era come lo scroscio di acque abbondanti. Nella sua mano destra teneva sette stelle, mentre dalla bocca usciva una spada affilata, a doppio taglio. Il suo aspetto uguagliava il fulgore del sole in pieno meriggio". (*Apocalisse di Giovanni, I, 12-16*)

Vede sette oggetti volanti fatti di un metallo dorato, "sette lampade d'oro", al centro delle quali c'è un piccolo essere, "una sorta di figlio d'uomo", rivestito di una tuta che lo modella interamente, sino ai piedi e che indossa una grossa cintura. La sua pelle ed i suoi capelli sono bianchi, il casco del suo scafandro possiede due piccoli proiettori che Giovanni scambia per occhi, i suoi piedi poggiano su spesse suole isolanti in metallo giallo, e parla con una voce possente "simile allo scroscio di acque abbondanti". Tiene nella sua mano un apparecchio con sette spie luminose che lo collegano ai sette oggetti volanti che stazionano attorno a lui. In compenso, la spada appuntita a doppio taglio è soltanto un'aggiunta successiva ad opera dei copisti per rendere l'apparizione minacciosa e per rinforzare la sua potenza e dunque il "timore di dio" dei primi cristiani. L'essere che apparve a Giovanni era proprio uno di noi.

Giovanni, sconvolto, si appiattisce con il volto a terra:

> "Al vederlo caddi ai suoi piedi come morto. Ma egli, posando la sua destra sopra di me, mi rassicurò: non temere! Io sono il Primo e l'Ultimo, il Vivente; giacqui morto, infatti; ma ora eccomi vivo per i secoli dei secoli; nelle mie mani sono le chiavi della morte e dell'Ade. Metti per iscritto le cose che vedrai, sia quelle riguardanti il presente, come quelle che accadranno dopo di esse." (*Apocalisse, I, 17-20*)

Abbiamo chiesto a Giovanni di alzarsi e gli abbiamo detto che avrebbe dovuto scrivere ciò che aveva visto e ciò che gli sarebbe stato dettato, per dare agli uomini la possibilità di ritrovare un giorno queste scritture, quando i tempi sarebbero stati maturi. Gli abbiamo detto che noi eravamo "i primi e gli ultimi", vale a dire i primi sulla Terra, e gli ultimi, se gli uomini si fossero autodistrutti dopo la scoperta delle energie che avrebbero permesso loro di farlo.

Gli abbiamo spiegato che colui il quale parlava, aveva conosciuto la morte ed era stato ricreato grazie al procedimento spiegato nel primo messaggio e che ci permette di vivere eternamente attraverso vari corpi.

> "Poi ebbi una visione. Ecco: una porta si aprì nel cielo e la voce che prima avevo udita parlarmi a somiglianza di tromba, disse: sali quassù, affinché ti mostri ciò che dovrà accadere in futuro. Improvvisamente mi trovai in estasi; ed ecco: un trono stava eretto nel cielo e sul trono Uno stava seduto." (*Apocalisse, IV, 1-2*)

Giovanni vede una "porta aperta nel cielo", la porta di uno dei nostri velivoli si apre. Egli viene condotto all'interno di uno di questi oggetti volanti grazie ad un raggio portante, cosa per lui incomprensibile, ecco perché dice "essere in estasi". Qui vede qualcuno seduto su di una poltrona, ed intorno a lui su altri "troni", sono sedute altre persone, ventiquattro in tutto.

Questo personaggio ero io, Jahvé, ed ero circondato da altri ventiquattro eterni rappresentanti del consiglio degli Eterni che governano il nostro pianeta.

Poi misi in funzione di fronte a Giovanni l'apparecchio che visualizza i pensieri ed egli poté vedere ciò che sarebbe generalmente accaduto all'Umanità e ciò che rischiava di accadere quando i tempi fossero giunti.

> "E vidi apparire un cavallo bianco, su cui sedeva un cavaliere con un arco; fu data a lui una corona; ed egli venne fuori da vittorioso per vincere ancora". (*Apocalisse di Giovanni, VI, 2*)

Questo concerne il primo dei sette sigilli o, meglio, dei sette capitoli della storia dell'Umanità. Si tratta infatti del cristianesimo che trionfa sulla terra e che permette all'Antico Testamento di essere conosciuto da tutti. Poi viene aperto il secondo sigillo:

> "Allora uscì un altro cavallo, rosso vivo; a colui che lo montava era stata data la potestà di togliere via dalla terra la pace, in modo che gli uomini si sgozzassero l'un l'altro; per questo gli fu data una grande spada". (*Apocalisse, VI, 4*)

Questo cavallo rosso simboleggia le guerre di religione, e le guerre in generale, che saranno una delle principali cause del ritardo nello sviluppo del numero di umani. Poi arriva il terzo sigillo:

> "……Ed io ho visto, apparve allora un cavallo nero: colui che lo montava aveva in mano una bilancia. Udii fra i quattro Viventi come una voce dire: Una misura di frumento per un denaro e tre misure di orzo per un denaro! Ma all'olio e al vino non recar danno!". (*Apocalisse, VI, 5-6*)

Questo cavallo nero, sono le carestie che causeranno un grande numero di decessi prima che gli uomini riescano ad eliminarle completamente sulla terra. Poi giunge il quarto sigillo:

> "Ed io ho visto, apparve un cavallo verdastro; colui che lo montava aveva nome morte, e l'Ade lo seguiva". (*Apocalisse, VI, 8*)

Il cavallo verde simboleggia le grandi epidemie, la peste ed altri mali che decimeranno l'Umanità. Il quinto sigillo viene allora rotto:

> "All'apertura del quinto sigillo, sotto l'altare apparvero le anime di coloro che sono stati uccisi a causa della parola di Dio e della testimonianza da loro data. Essi si misero a gridare a gran voce dicendo: Fino a quando, o Jahvé, tu che sei santo e verace, non farai giustizia vendicando il nostro sangue sugli abitanti della terra? Ma a ciascuno di essi fu data una veste bianca e fu detto di pazientare ancora un poco, finché non si completi il numero dei

loro compagni e fratelli che verranno uccisi come loro". (*Apocalisse, VI, 9-11*)

Questa scena rappresenta ciò che è accaduto quando i grandi profeti che vivono eternamente in nostra compagnia sul nostro pianeta, ci hanno chiesto di permettere agli uomini che avevano agito positivamente, di essere ricreati prima del giudizio finale. Abbiamo quindi permesso ad alcune migliaia di terrestri che abbiamo ricreato, di vivere subito tra noi, quando volevamo invece conservare il loro codice genetico per reincarnarli solamente quando l'Umanità avesse terminato la propria evoluzione. Poi il sesto sigillo venne aperto:

"All'apertura del sesto sigillo apparve ai miei occhi questa visione: si udì un gran terremoto; il sole s'offuscò, da apparire nero come un sacco di crine; la luna, tutta, prese il colore del sangue; le stelle dal cielo precipitarono sulla terra come i frutti acerbi di un fico che è scosso da un vento gagliardo; il cielo si accartocciò come un rotolo che si ravvolge; monti e isole, tutte, scomparvero dai loro posti. Allora i re della terra, i maggiorenti, i capitani, i ricchi e i potenti, tutti, schiavi e liberi, si rifugiarono nelle caverne e fra le rupi delle montagne". (*Apocalisse, VI, da 12 a 15*)

Questo sesto sigillo indica il pericolo finale per l'Umanità, il più grande pericolo, quello che può distruggerla completamente, la guerra atomica. La "grande scossa" è l'esplosione propriamente detta. Il "sole nero" è l'oscuramento del cielo a causa del fungo atomico e del pulviscolo che oggi ben conoscete e che fanno sì che la luna sembri più scura. Il "cielo che si ritira" sono le nubi che vengono brutalmente scacciate dalla colonna d'aria calda che si sprigiona. Quanto agli uomini che si nascondono tra le rocce delle montagne, si tratta di una corsa verso i rifugi antiatomici.

È da questa catastrofe finale, se essa avrà luogo, che verranno salvati coloro che seguono il nostro profeta, coloro che dopo avere preso conoscenza dei nostri messaggi avranno fatto effettuare la Trasmissione del loro Piano Cellulare. Costoro saranno stati selezionati dal grande computer che sorveglia tutti gli uomini a partire dalla loro concezione fino alla loro morte.

> "Poi vidi un altro angelo salire dall'Oriente, con il sigillo del Dio vivente. Questi gridò a gran voce ai quattro angeli incaricati di provocar danno alla terra e al mare: Non recate danno alla terra né al mare né agli alberi, finché non abbiamo segnato sulla fronte i servi del nostro Dio". (*Apocalisse, VII, 2-3*)

Coloro che sono segnati sulla fronte, sono quelli che hanno fatto effettuare la Trasmissione del loro Piano Cellulare, attraverso il contatto manuale fra il nostro profeta e l'osso frontale che contiene il codice genetico più puro e più fedele.

Il totale di quelli che saranno "segnati sulla fronte" sarà all'incirca di centoquarantaquattromila, compresi coloro che sono già stati ricreati sul nostro pianeta, quelli che, senza aver preso conoscenza dei messaggi, avranno condotto una vita volta al progresso ed allo sboccio dell'Umanità, e quelli che, dopo aver letto i messaggi, avranno riconosciuto Rael come nostro messaggero.

E finché il totale di questi esseri umani non sarà di circa centoquarantaquattromila, faremo in modo che il cataclisma finale venga ritardato per avere a disposizione un numero di individui sufficiente a dare inizio ad una nuova generazione sulla terra, quando sarà nuovamente abitabile.

Se il sesto sigillo rappresenta la scoperta e le prime utilizzazioni dell'arma atomica, il settimo sigillo rappresenta il cataclisma finale, la guerra atomica mondiale che sfocerà nella distruzione di ogni forma di vita sulla terra.

Quando la prima tromba del settimo sigillo suona:

"...Vi fu grandine con fuoco mescolato a sangue che cadde sulla terra; la terza parte della terra rimase bruciata, la terza parte degli alberi rimase bruciata, ed ogni specie di piante rimase bruciata". (*Apocalisse, VIII, 7*)

Un terzo della terra viene bruciato dalla radioattività, gli alberi e l'erba verde non crescono più.

"Il secondo angelo suonò la sua tromba: come una enorme massa incandescente cadde nel mare; la terza parte del mare diventò sangue, per cui la terza parte egli esseri marini dotati di vita morì e la terza parte delle navi perì". (*Apocalisse, VIII, 8*)

Le esplosioni atomiche hanno prodotto grandi eruzioni laviche che hanno raggiunto gli oceani, ucciso un terzo degli animali marini e distrutto un terzo delle navi.

"Il terzo angelo suonò la sua tromba: cadde dal cielo una stella enorme, che bruciava come una fiaccola, e cadde sulla terza parte dei fiumi e sulle sorgenti d'acqua. Il nome della stella è Assenzio; difatti la terza parte delle acque si mutò in assenzio e molti uomini morirono per l'acqua diventata amara". (*Apocalisse, VIII, 10-11*)

Le esplosioni atomiche si succedono in risposta ai primi attacchi. I missili, come "grandi stelle ardenti" cadono un po' ovunque, e le acque potabili vengono in gran parte inquinate e provocano la morte di molti esseri umani che le bevono.

"Il quarto angelo suonò la sua tromba: fu colpita la terza parte del sole, la terza parte della luna, la terza parte delle stelle, in modo che s'offuscò la terza parte di loro e così il giorno non brillava per una sua terza parte e lo stesso la notte". (*Apocalisse, VIII, 12*)

La polvere e le ceneri sollevate dalle esplosioni nucleari successive sono talmente abbondanti che oscurano il cielo, nascondono il sole, la luna e le stelle, e danno l'impressione che il giorno e la notte siano più corti.

"Il quinto angelo suonò la sua tromba: vidi un astro caduto dal cielo sulla terra; gli fu consegnata la chiave della voragine dell'Abisso e da essa salì un fumo come il fumo di una grande fornace; il sole e l'aria s'offuscarono per il fumo della voragine". (*Apocalisse, IX, 1 e 2*)

Descrizione della caduta di un missile e del fungo atomico che produce.

"Dal fumo vennero sulla terra delle cavallette; fu dato loro un potere simile a quello degli scorpioni terrestri. Ma fu loro ingiunto di non recar danno né a erba della terra né a pianta né ad albero alcuno; ma solo agli uomini che non avessero sulla fronte il sigillo di Dio. Però fu loro concesso di non farli morire, ma di tormentarli per cinque mesi con un tormento simile a quello dello scorpione, quando punge un uomo. In quei giorni gli uomini cercheranno la morte e non la troveranno; brameranno morire, ma la morte fuggirà da loro". (*Apocalisse, IX, 3-6*)

Le cavallette sono degli aerei carichi di bombe atomiche che cadranno sulle grandi città e infliggeranno agli uomini che non moriranno per le esplosioni, delle sofferenze spaventose dovute all'esposizione alla radioattività. Saranno avvelenati dalle radiazioni come lo si può essere per la puntura di uno scorpione.

> "Ora, al vederle le cavallette somigliavano a cavalli pronti all'assalto: sulle loro teste portavano una specie di corona all'apparenza d'oro; le loro facce erano come facce di uomini. I loro capelli sembravano capelli di donne; i loro denti somigliavano a quelli dei leoni. Avevano corazze come corazze di ferro ed il frastuono delle loro ali era come il fragore di carri con molti cavalli lanciati all'assalto. Avevano code simili a quelle degli scorpioni, con pungiglioni: proprio nelle loro code risiedeva il loro potere di tormentare gli uomini per cinque mesi". (*Apocalisse, IX, 7-10*)

Queste "cavallette metalliche", viste da un primitivo, ricoperte di metallo come un cavallo che parte per la guerra, hanno una cabina di pilotaggio all'interno della quale si vede il volto di un uomo, "le loro facce erano come facce di uomini". E volando molto in alto nel cielo esse lasciano una scia bianca che Giovanni chiama capelli. I loro "denti" sono dei missili agganciati sotto le loro ali, il "torace di ferro" è la fusoliera, il rumore è quello degli scarichi dei reattori che ben conoscete. Quanto al potere che è nella "coda delle cavallette", si tratta delle radiazioni che i missili lanciati continueranno a diffondere presso le popolazioni dei paesi attaccati.

> "Il sesto angelo suonò la sua tromba: dai quattro angoli dell'altare d'oro che sta davanti a Dio, udii uscire una voce". (*Apocalisse, IX, 13*)

Giovanni descrive qui i quattro altoparlanti situati davanti a me nel momento in cui lo facevo assistere a tutto ciò.

> "Così apparvero nella visione i cavalli e i loro cavalieri: indossavano corazze dall'aspetto di fuoco, giacinto e zolfo, mentre le teste dei cavalli somigliavano a quelle dei leoni; dalle loro bocche uscivano fuoco, fumo e zolfo. Da questi tre flagelli, cioè dal fuoco, fumo e zolfo che uscivano dalle loro bocche, fu sterminata

> la terza parte degli uomini. Infatti, il potere dei cavalli sta nelle loro bocche e nelle loro code; infatti le loro code, alla maniera dei serpenti, sono munite di teste di cui si servono per nuocere".
> (*Apocalisse, IX, 17-19*)

Anche in questo caso siamo di fronte alla descrizione di altri aerei, la "testa dei cavalli" è infatti lo scarico dei reattori da dove escono fiamme e fumo, e le code che hanno "delle teste di cui si servono per nuocere" sono in realtà missili nucleari, e sapete molto bene che si parla della "testata" dei missili, che siano o no a testata "intelligente".

Le spiegazioni che abbiamo dato a Giovanni fornendogli il maggior numero possibile di dettagli, hanno dato origine a questa strana descrizione. Se faceste l'esperienza di spiegare una simile successione di scene ad un primitivo dell'Amazzonia e se gli chiedeste di scrivere ciò che ha visto, avreste all'incirca lo stesso risultato, soprattutto se chiedeste ad una decina di suoi consimili di ricopiare non in sua presenza ciò che egli aveva scritto.

> "Quando questi ebbero parlato, mi accingevo a scrivere. Ma si fece udire dal cielo una voce che mi disse: Suggella quanto hanno detto i sette tuoni e non metterlo per iscritto". (*Apocalisse, X, 4*)

Abbiamo detto chiaramente a Giovanni che dio non esiste e che noi eravamo degli uomini come lui.

Ma, poiché questo rischiava di creare una confusione ancora più grande tra gli uomini che hanno bisogno di una tale "stampella" fino a quando non hanno raggiunto un livello tecnologico sufficiente, noi gli abbiamo chiesto di non scrivere quello che gli era stato appena spiegato, ricordandogli che sarebbe arrivato un giorno in cui tutti gli uomini avrebbero potuto capirlo.

"....Ma quando il settimo angelo farà udire il suono della sua tromba, allora sarà consumato il mistero di Dio, secondo quanto hanno annunciato ai profeti, suoi servi". (*Apocalisse, X, 7*)

Gli abbiamo chiaramente spiegato che, quando i tempi fossero giunti, gli uomini avrebbero compreso che dio non esiste e che siamo noi i loro creatori.

"....Il diavolo è disceso tra voi con grande furore sapendo che ha pochi istanti". (*Apocalisse, XII,12*)

Questa prova finale per l'Umanità che consiste nella scelta tra l'autodistruzione ed il passaggio nell'Era d'Oro, rappresenta per Satana l'ultima possibilità di provare che aveva ragione nel dire che l'Umanità era cattiva. Se l'Umanità supera brillantemente questa prova e riesce ad ottenere un disarmo totale su tutto il pianeta, gli uomini ci daranno la prova che sono degni di ricevere la nostra eredità e si dimostreranno esseri non violenti. La "bestia" che è descritta più in là, è semplicemente l'utilizzazione dell'energia nucleare a fini omicidi.

"Qui sta la sapienza. Chi ha mente computi il numero della bestia; è un numero d'uomo. Il suo numero è seicentosessantasei". (*Apocalisse, XIII, 18*)

Seicentosessantasei è il numero di generazioni umane che si sono succedute sulla Terra a partire dalla creazione dei primi uomini nei laboratori originali.

Dato che i primi uomini sono stati creati circa tredicimila anni fa, se si moltiplica la durata di una generazione umana, stimata a vent'anni, per seicentosessantasei si ottiene un totale di tredicimilatrecentoventi anni.

La generazione che è nata all'inizio dell'era dell'Apocalisse, nel 1945 dell'era cristiana, era la seicentosessantaseiesima a partire dalla creazione del primo essere umano in laboratorio ad opera degli Elohim.

L'apparizione di questa generazione coincide proprio con la prima utilizzazione dell'energia nucleare a fini omicidi, il 6 agosto del 1945 a Hiroshima.

Anche questa volta non c'era bisogno di interpretare per comprendere. Era sufficiente leggere ciò che stava scritto. Seicentosessantasei era effettivamente un "numero d'uomo": il numero di esseri umani che sono nati a partire dall'inizio, dalla creazione, un numero di generazioni.

> "Vi furono allora lampi, voci e tuoni e un terremoto talmente grande, che mai è avvenuto un terremoto così veemente da quando l'Umanità è apparsa sulla terra". (*Apocalisse, XVI, 18*)

La scossa dovuta alle esplosioni atomiche è enorme, e diventa ancora più forte se provoca una reazione a catena.

> "Tutte le isole fuggirono e i monti scomparvero". (*Apocalisse, XVI, 20*)

Questa esplosione mostruosa dovuta alla reazione a catena provoca la brutale deriva dei continenti, inghiotte le isole e spazza via le montagne come fuscelli di paglia.

> "E dal cielo cadde sugli uomini una grandine così grossa da apparire una pioggia di lingotti". (*Apocalisse, XVI, 21*)

Anche nei luoghi dove le esplosioni non hanno avuto luogo, a migliaia di chilometri dai punti d'impatto delle bombe, cadono dal cielo delle rocce.

> "Poi vidi un cielo nuovo e una terra nuova. Infatti il cielo e la terra di prima erano scomparsi; neppure il mare c'era più". (*Apocalisse, XXI, 1*)

Giovanni ha potuto vedere ciò che si potrebbe vedere da un razzo che si allontana dalla Terra. Si ha l'impressione che sia la Terra ad allontanarsi, mentre ad allontanarsi è proprio il vascello nel quale ci si trova. Poi questo vascello viaggia attraverso le stelle, in un cielo che non ha più nulla di familiare per un terrestre, un "nuovo cielo", e il vascello si avvicina ad un altro pianeta, ad una "terra nuova".

> "E vidi la città santa, la nuova Gerusalemme, discesa dal cielo da presso Dio, preparata come una sposa adorna per il suo sposo". (*Apocalisse, XXI, 2*)

Vista da un velivolo, un primitivo ha l'impressione che sia la città sulla quale atterrerà a "discendere dal cielo", mentre è evidente che è il velivolo spaziale ad avvicinarsi.

> "E udii dal trono una voce possente che disse: Ecco la dimora di Dio con gli uomini e dimorerà con loro ed essi saranno suo popolo ed egli sarà il "Dio-con-loro". E asciugherà ogni lacrima dai loro occhi. Non vi sarà più morte né lutto e grida e dolore. Sì, le cose di prima sono passate". (*Apocalisse, XXI, 3-4*)

Siamo qui di fronte alla descrizione del pianeta degli Eterni dove tutti gli uomini che noi salveremo dalla catastrofe vivranno con noi eternamente, nell'attesa di essere riportati sulla Terra, quando essa sarà nuovamente abitabile, per ricrearvi una civiltà pacifica.

Ecco che cosa aspetta l'Umanità se essa non fa in modo che il suo livello di saggezza sia elevato quanto il suo livello tecnologico.

Tutto questo è stato visto da un primitivo, poiché Giovanni era un primitivo in rapporto a noi. Proprio come erano dei primitivi Mosé, Gesù e tutti i nostri profeti, in rapporto al nostro livello, prima che avessimo dato loro un'iniziazione sufficiente ad intravedere cosa significasse avere una certa padronanza della materia. Esattamente come i vostri scienziati più evoluti lo sono in rapporto a quello che siamo capaci di fare attualmente, e come gli Indiani dell'Amazzonia lo sono in rapporto agli scienziati di Cape Canaveral.

Ahimè ecco ciò che attende gli uomini, nel novantanove per cento dei casi. Voi che ci riconoscete come vostri creatori e che riconoscete Rael come il nostro messaggero, dovete batterVi per fare in modo che gli esseri umani colgano questa minima chance di sopravvivenza apportando loro i nostri messaggi. In questo caso potete vivere tranquilli, cercando comunque di sbocciare. Poiché, se siete tra i giusti che fanno il massimo per far trionfare la non-violenza e la verità, sapete che vi salveremo in ogni caso dal disastro. Battetevi per l'amore, la fraternità e l'intelligenza, ma non demoralizzatevi se vedete che la maggioranza degli uomini continuano ad essere violenti, aggressivi e bestiali. Questo forse finirà col dare i suoi frutti conducendo insensibilmente gli esseri umani ad avere una coscienza planetaria, ed il pianeta intero entrerà nell'Era d'Oro, oppure tutto salterà e voi sarete coloro che noi salveremo per ricostruire tutto daccapo.

Io Jahvé, l'alfa e l'omega, colui che è stato il primo sulla Terra e sarà l'ultimo, rivolgo questo messaggio agli uomini della terra per bocca del mio profeta Rael.

A questi uomini che abbiamo creato, che abbiamo cercato di guidare verso l'Era d'Oro, e che amiamo come se fossero i nostri stessi figli.

Che la pace regni sulla terra per gli uomini di buona volontà, per coloro che hanno la volontà di essere felici.

La nostra eredità è pronta, basta che adesso il bambino non muoia nascendo.

Ora tocca a voi!

III

Una Religione Atea

Angeli senza ali

"Un angelo dal cielo mi ha contattato. Mi ha detto che io sono il messia dell'Apocalisse e che devo partire per evangelizzare la terra, che devo creare una chiesa di cui sono il papa ed il pontefice, io, il profeta di questa religione cattolica".

Leggendo queste poche righe, coloro che mi conoscono bene, si diranno "è successo, ha perduto la sua razionalità, l'immensità del suo compito gli ha causato delle turbe psichiche gravi ed egli ha tradito la causa".

In effetti, leggendo quest'introduzione, si può inizialmente comprendere:

"Un essere con le ali è venuto dal cielo per contattarmi, mi ha detto che io sono un essere divino inviato per la fine del mondo e che devo partire per predicare il vangelo sulla terra, che devo costruire una chiesa in pietra e cemento di cui sono il papa con una tiara e il pontefice seduto sul trono, io, il profeta che annuncia ciò che accadrà nei secoli a venire, di questa religione cattolica, dunque affiliata a Roma".

Cerchiamo ora di ritrovare il senso nascosto delle parole che compongono la frase in questione.

Prima di tutto, bisogna ricercare il senso profondo delle parole, la loro etimologia, come è stato fatto per i termini Elohim e Apocalisse. E già che ci siamo, notiamo che l'etimologia della parola "etimologia", vale a dire la sua origine ed il suo significato, viene dal greco "etumos" che significa "vero" e "logos" che significa "scienza". La scienza del vero dunque, la "scienza della Verità"… cosa può esserci di più naturale, per delle persone che si sono riunite intorno al "Libro che dice la verità", dell'essere prima di tutto degli etimologisti.

La parola Elohim è stata ingiustamente tradotta con la parola "dio", mentre in ebraico significava "coloro che sono venuti dal cielo", e la parola Apocalisse è stata tradotta con "fine del mondo" mentre significava "rivelazione". Adesso tutto questo lo conosciamo perfettamente. Prendiamo allora una per una le parole di questa introduzione apparentemente mistica.

Un "angelo del cielo mi ha contattato". Prendiamo un dizionario. Angelo proviene dal greco "angelos" che significa "messaggero". Ed ecco che tutto cambia. Si può dunque leggere: "un messaggero dal cielo mi ha contattato". L'elemento soprannaturale diventa comprensibile.

Continuiamo: "egli mi ha detto che io sono il messia dell'Apocalisse".

Che cosa significa "messia"? Proviene dall'aramaico "meschikha" che significa "unto dal signore", oppure "sacro, scelto dal signore". Andiamo dunque alla parola "signore" per comprendere meglio la definizione della parola "messia". Si scopre che "signore" viene dal latino "senior", che significa "il più anziano". Secondo un vocabolario medievale, il "signore" era una persona che regnava su una provincia o un feudo. E il dio al quale si voleva far credere, essendo eterno, era per forza il più anziano e dunque il "signore" della Terra… La rivoluzione che ha soppresso i signori ha sfortunatamente risparmiato la religione, ed ecco perché troviamo ancora tanti "Monsignori"…

Dunque "messia" significa "scelto da dio" e, come sappiamo, la parola "dio" non è altro che una cattiva traduzione di Elohim che invece significa "coloro che sono venuti dal cielo". Possiamo dunque dire che "messia" significa in definitiva "scelto da coloro che sono venuti dal cielo".

Siccome sappiamo già che, in greco, Apocalisse significa "rivelazione", possiamo dunque scrivere in termini più chiari: "egli mi ha detto che sono colui che è stato scelto da coloro che sono venuti dal cielo per la rivelazione". Adesso tutto è chiaro.

Continuiamo: "e che devo partire per evangelizzare la Terra".

"Vangelo" viene dal greco "euangelion" e significa "buona novella". Si può quindi leggere: "e che io devo partire per portare la buona novella sulla Terra".

Si trova in seguito: "che devo creare una chiesa". "Chiesa" proviene dal greco "ecclesia", che significa "assemblea". Si può quindi leggere: "che devo creare un'assemblea".

È poi scritto: "di cui sono il papa ed il pontefice". "Papa" viene dal greco "pappas" che significa "padre", e "pontefice" viene dal latino "pontifex", che ha la stessa radice di "ponte" e che significa qualcosa che collega due sponde opposte di un fiume, o due punti situati sulla Terra, o ancora… un pianeta ad un altro pianeta!

Si può così leggere in chiaro: "di cui sono il padre ed il personaggio che assicura il legame tra il pianeta dei creatori e quello degli uomini".

Infine si trova: "io, il profeta di questa religione cattolica". "Profeta" deriva dal greco "profetes" che significa "colui che rivela". "Religione" proviene dal latino "religio", che vuol dire "ciò che collega", il legame che unisce i creatori alla loro creazione, e "cattolico" proviene dal greco "katholikos" che significa "universale".

Così la fine della frase diventa: "io che sono incaricato di rivelare il legame universale che unisce gli uomini ed i loro creatori".

Riunendo tutti gli elementi della frase si ottiene: "un messaggero dal cielo mi ha contattato, mi ha detto che sono colui che è stato scelto da quelli venuti dal cielo per la rivelazione e che io devo partire per portare la buona novella sulla Terra, che devo creare un'assemblea di cui sono il padre e il personaggio che assicura il legame tra il pianeta dei creatori e quello degli uomini, io che sono incaricato di rivelare il legame universale che unisce gli uomini ed i loro creatori".

Ed ecco una frase totalmente spoglia di termini carichi di misticismo e comprensibile razionalmente da chiunque. Eppure la frase posta all'inizio di questo capitolo voleva dire esattamente la stessa cosa. Ma la traduzione della frase originale che abbiamo fornito subito dopo, come sarebbe stata nella mente di un mistico primitivo e limitato, dimostra fino a che punto sia facile allontanarsi dal senso profondo di una citazione quando non viene rispettato il senso preciso delle parole che vengono utilizzate.

È dunque evidente che il Movimento Raeliano è una religione vera e propria, vale a dire il legame che unisce i creatori dell'Umanità alla suddetta Umanità. Anche se si tratta di una religione atea, che cioè non crede all'esistenza di un dio. Ateo, deriva dalla parola greca "atheos" che significa "che nega l'esistenza di ogni divinità".

Alcuni affermano che è la pratica di un culto a caratterizzare una religione. Che cos'è un culto? Questa parola proviene dal latino "cultus" e significa "omaggio reso a dio", dunque al creatore. Pensando agli Elohim, noi diremmo "ai creatori" mettendo la parola al plurale. Ora, il contatto telepatico che ha luogo la domenica mattina alle undici, l'obbligo di pensare almeno una volta al giorno agli Elohim (Secondo messaggio - I nuovi comandamenti), l'obbligo di invitare almeno una volta all'anno la guida della propria regione a pranzo affinché possa parlare dei messaggi (stessa opera, stessa pagina), la riunione mensile attorno ad ogni guida regionale e la riunione annuale del 6 agosto per festeggiare l'ingresso nell'era dell'Apocalisse, rappresentano tutta una serie di omaggi resi ai nostri creatori, e dunque possono essere qualificati come cerimonie di culto, vale a dire come un insieme di manifestazioni destinate a rendere omaggio ai nostri creatori in date stabilite, da soli o in gruppo.

Infine, anche se il raeliano non crede in un dio, riconosce Gesù come inviato dei nostri creatori, proprio come Mosé, Buddha, Maometto, Joseph Smith e tutti i grandi profeti che sono esistiti. Egli attende il loro ritorno in compagnia degli Elohim, come annunciano le Sacre Scritture. Poiché il raeliano crede nel senso profondo delle Sacre Scritture, in particolare della Genesi, ma anche del Corano e di molti altri scritti religiosi. Grazie ai messaggi degli Elohim, tutti questi scritti vengono spogliati della loro veste mistica e vengono ignorate tutte quelle leggi umane che vi sono state inserite dagli uomini per meglio far rispettare leggi e governi anch'essi puramente umani.

Il rendere omaggio agli Elohim può certamente essere chiamato "culto", perché negarlo? Il culto non ha nulla di grave in sé, se proviene da persone che non divinizzano i creatori, ma che li amano sinceramente per lo straordinario atto d'amore che hanno compiuto dandoci la vita e lasciandoci progredire autonomamente fino a quando non diverremo uguali a loro.

Non si tratta di inginocchiarsi o di prostrarsi di fronte alle stelle, ma di guardare il cielo in posizione eretta, fieri di essere uomini coscienti del privilegio di vivere in un'epoca in cui possiamo comprendere ed amare i nostri creatori. Amarli per il fantastico potenziale che hanno posto in noi e che ci condurrà a diventare a nostra volta creatori di vita, dominando al nostro livello la materia nelle sue particelle più piccole. Si tratta di alzare in direzione delle galassie una fronte piena d'amore e di speranza, la speranza di incontrare un giorno coloro ai quali dobbiamo la nostra esistenza e la capacità di comprendere perché siamo qui e qual è la nostra missione nell'infinito dello spazio e del tempo.

Fino a questo momento gli uomini hanno venerato coloro che li avevano creati capaci di comprendere. Ora essi devono comprendere coloro che li hanno creati per amarli ancora di più.

Se gli uomini utilizzano negativamente la scienza e provocano un cataclisma nucleare fatale all'Umanità, coloro che avranno cercato di evitarlo tentando di far prendere coscienza agli uomini dei loro errori in nome degli Elohim, saranno salvati dai nostri creatori. Coloro che hanno fede nei nostri padri saranno da loro ricompensati, come già lo sono, dal momento che avranno accesso alla vita eterna sul pianeta dove vivono per sempre i grandi profeti che sono stati inviati per illuminare gli uomini. La parola "fede" viene dal latino "fides" che significa "impegno, legame". Quindi non si può più credere senza comprendere, pur dando fiducia agli Elohim ed avendo fede in loro, poiché coloro che hanno l'intelligenza di aver fede in loro saranno ad ogni modo ricompensati.

Pur cercando di impedire che gli esseri umani commettano l'irreparabile, un raeliano ha fiducia nei nostri creatori, gli Elohim, poiché sa che essi non lo dimenticheranno se il cataclisma finale dovesse avere luogo.

La Deresponsabilizzazione

Se duemila anni fa fosse esistita la Gazzetta di Gerusalemme, avrebbe parlato della disoccupazione, della crisi di manodopera dovuta alla mancanza di schiavi e dell'aumento dei prezzi dovuto alle esorbitanti tasse romane. Sarebbero state queste notizie ad occupare le prime pagine di tutti i giornali, se fossero esistiti, ed esse avrebbero alimentato tutte le discussioni. E poi, in un trafiletto, qualche "scienziato ufficiale" o qualche editorialista in cerca di pubblicità, avrebbe parlato di questo falso profeta che si spacciava per il "re dei giudei" e che le autorità avrebbero dovuto arrestare senza indugio, poiché trascinava dietro di sé una folla di creduloni, di "merli". Non ci si prende gioco così della credulità popolare…

Allora "l'illuminato" venne imprigionato, giudicato e condannato a morte. La persona che aveva consacrato la propria vita alla diffusione dei messaggi dei nostri creatori si ritrovò crocifisso tra due ladroni. Qual era stato il suo crimine? L'esercizio illegale della verità, riservato ai rappresentanti delle religioni ufficiali debitamente accreditate da almeno due o tre secoli di vita, religioni a denominazione di origine controllata, in un certo senso.

> "Ma i sommi sacerdoti e gli anziani convinsero la folla a chiedere la libertà di Barabba e la morte di Gesù". (*Matteo, XXVII, 20*)

Si tratta dei grandi sacerdoti delle religioni ufficiali e della grande stampa, che persuadono le folle del fatto che le religioni sono tollerabili soltanto se hanno qualche millennio di vita, e che tutto il resto è solo un ammasso di sette pericolose.

Si tratta di tutti quelli che si interpongono tra la verità e l'uomo, che gli permettono di credere nella religione dei grandi preti di Stato in camice bianco, questi scienziati che dicono che noi discendiamo dalla scimmia ma fanno battezzare i loro bambini e mettono una croce sulla tomba dei loro genitori. Si tratta di quelli che permettono agli esseri umani di credere nella religione-tradizione, quella che permette ai grandi valori che stanno alla base della loro società in putrefazione, di sopravvivere qualche anno in più, quella che difende la famiglia soffocatrice di temperamenti e pagatrice di imposte, quella che difende la patria nutrice di uomini politici pronti a tutto per continuare ad intascare il loro salario, di militari che fanno la stessa cosa per il loro stipendio principesco, e di tutti i bassi funzionari deresponsabilizzati dalle loro funzioni che hanno l'illusione di difendere la società quando condannano, torturano o uccidono qualcuno.

Ecco le religioni amate da coloro che ci governano. Non certo quelle che potrebbero far vibrare i giovani, facendo loro scoprire la verità, e anche dar loro la voglia di rovesciare queste strutture primitive per rimpiazzarle con dei sistemi in sintonia con le tecnologie futuriste nelle quali viviamo.

Ecco la preoccupazione principale di quelli che impongono la loro volontà agli uomini della Terra: deresponsabilizzare al massimo l'essere umano. Ed essi conoscono bene il perché. Sanno che un soldato può uccidere chi si trova di fronte a lui solo se è persuaso di farlo per una qualche ragione. E sanno anche che questo stesso soldato potrà torturare un prigioniero solo se ha l'impressione che la cosa sia utile a qualcosa di grande. Sanno inoltre che il cittadino accetterà di pagare più tasse senza storcere il naso solo se si tratta di aiutare gli agricoltori vittime della siccità. Per qualcosa di grande, l'uomo è pronto a tutto. Tutta l'arte dei dirigenti sta nel convincere le popolazioni che la loro patria è qualcosa di grande.

Un'esperienza ricchissima di insegnamento è stata condotta da alcuni scienziati americani. Essi hanno ingaggiato degli attori che avrebbero dovuto fingere di partecipare ad un'esperienza sul potenziale di violenza degli esseri umani. Poi hanno pubblicato degli annunci e reclutato delle persone che avrebbero accettato di partecipare ad un'esperienza concepita per conoscere meglio le capacità del cervello umano. Queste persone sono state poste una ad una di fronte ad un banco sul quale c'erano varie leve di comando che permettevano di inviare una scarica elettrica all'attore che, posto dietro ad un vetro, fingeva di ricevere le scariche. Si presumeva che le diverse leve di comando dovessero inviare una scarica che andava dai quindici fino ai quattrocento volt, e che ciascuna di queste trenta leve inviasse in successione una scarica di quindici volt maggiore della precedente andando da sinistra a destra. Veniva inoltre indicato se lo choc generato era leggero, medio, forte o molto forte. L'attore vedeva illuminarsi davanti a sé delle lampadine che gli consentivano di capire quale voltaggio dovesse presumibilmente ricevere su quella specie di sedia elettrica alla quale era saldamente legato. Allora egli mimava delle reazioni proporzionali allo choc ricevuto. Per uno choc leggero, dava semplicemente una piccola scossa, per uno choc medio, sobbalzava di più gridando leggermente e cominciava a protestare dicendo che non voleva più continuare l'esperienza. Se gli choc aumentavano d'intensità, urlava supplicando di essere slegato. Quando gli choc raggiungevano la massima intensità, ovvero i quattrocentocinquanta volt, fingeva di perdere conoscenza fulminato.

Il soggetto che era stato reclutato tramite annuncio, inviava questi choc elettrici per segnalare alla persona di fronte a lui, senza sapere che si trattasse di un attore, che stava dando delle risposte sbagliate alle semplici domande che gli venivano poste dallo scienziato che conduceva l'esperimento. Questo stesso scienziato spingeva chi dava la scarica elettrica ad aumentarne il voltaggio senza preoccuparsi delle proteste di chi la riceveva, dicendogli che questo avrebbe permesso alla scienza, dunque all'Umanità, di progredire in modo straordinario.

Quest'esperienza, nella quale colui che pensava di essere lo sperimentatore era di fatto osservato e studiato, venne riprodotta più volte al fine di stilare delle statistiche che permettessero di sapere quanti uomini sarebbero giunti ad infliggere a qualcun altro delle scariche elettriche sufficienti ad ucciderlo, col pretesto di far progredire la scienza. Questo esperimento venne condotto in vari paesi per confrontare i risultati.

Contrariamente a ciò che pensavano gli scienziati che avevano ideato quest'esperimento e gli psicologi che erano stati consultati, non fu soltanto una piccola minoranza di squilibrati a spingersi fino ai quattrocentocinquanta volt: il 60% dei soggetti ascoltò lo scienziato che chiedeva loro di non tener in alcun conto le lamentele del folgorato e di continuare ad inviare le scariche anche quando quest'ultimo non avesse emesso più alcun suono, cosa che veniva considerata come una risposta sbagliata al questionario. E questo tre volte di seguito, dopo di che la persona che inviava le scariche elettriche veniva sostituita. Quest'esperienza venne riprodotta in diversi paesi europei, dove la percentuale di persone che si spingeva fino ai quattrocentocinquanta volt superò il 70%. Il record assoluto è stato raggiunto in Germania, con l'85% dei responsabili di omicidio per folgorazione...

Le conclusioni del professore Stanley Milgram, del dipartimento di psicologia dell'università di Yale, sono le seguenti:

"Quando degli individui sono messi in condizione di controllo gerarchico, il meccanismo che assicura ordinariamente la regolazione delle pulsioni individuali cessa di funzionare, il suo ruolo viene ripreso dal componente di livello superiore".

"La scomparsa del senso di responsabilità è la conseguenza più grande della sottomissione all'autorità..."

"La maggior parte dei soggetti situa il proprio comportamento in un grande contesto di imprese utili alla società: la ricerca della verità scientifica. Un laboratorio di psicologia può nettamente pretendere di essere nella legittimità ed ispira così la fiducia delle persone che vengono invitate a lavorarvi".

"Un atto come l'elettroesecuzione di una vittima, che sembra essere una cosa cattiva se presa isolatamente, acquista un senso del tutto diverso quando lo si colloca in questo contesto..."

"La moralità non scompare, ma la sua focalizzazione diventa radicalmente diversa: la persona subordinata prova vergogna o fierezza a seconda che abbia eseguito bene o male gli ordini ricevuti dall'autorità. Il linguaggio offre un gran numero di termini per definire questo tipo di morale: lealismo, senso del dovere, disciplina…"

"Questa è senza dubbio la lezione fondamentale del nostro studio: delle persone ordinarie, che fanno semplicemente il loro lavoro e senza particolare ostilità da parte loro, possono divenire agenti in un terribile processo di distruzione. Inoltre, anche quando gli effetti distruttivi del loro lavoro diventano assolutamente evidenti e si chiede loro di eseguire delle azioni incompatibili con le norme fondamentali della morale, relativamente poche persone hanno le risorse interiori necessarie per resistere all'autorità…"

"È una falla mortale che appartiene alla nostra natura e che, alla lunga, lascia alla nostra specie soltanto una mediocre possibilità di sopravvivenza". (*Sottomissione all'autorità, S. Milgram, Parigi, 1974*)

Non si può essere più chiari di così. E si comprende meglio come Gesù sia stato sacrificato, come milioni di esseri umani siano morti fra gli artigli dell'Inquisizione, durante guerre di religione o civili, durante i massacri del nazismo. Si comprende meglio come un onesto droghiere o un salumiere possa essere diventato un crocifissore, un bruciatore di streghe o un S.S. che inviava donne e bambini ai forni crematori. Tutti pensavano di agire per il bene dell'Umanità. I primi, sbarazzandola da un illuminato che voleva stravolgere le loro tradizioni, gli altri prendendosela con coloro che, vivendo in modo diverso, erano certamente responsabili dei cattivi raccolti, delle epidemie o della crisi economica. Che idee tanto stupide possano nascere nel cranio di idioti, è perdonabile. Non è invece perdonabile che dei governanti abbiano potuto utilizzare le folle, riprendendo delle idee tanto mostruose, per motivarle e dare loro delle ragioni per agire.

In Francia, i responsabili delle violenze in Algeria agivano secondo lo stesso principio ed obbligavano gli ufficiali a torturare i Nord-africani con il pretesto di ottenere delle informazioni utili alla "patria". In un certo qual modo, chi torturava si "sacrificava", agendo così con "bravura" nell'interesse del proprio paese...

Uomini della Terra, siate vigilanti e non compiete nemmeno la più piccola azione senza chiedervi se non sia in contraddizione con il vostro senso profondo del rispetto della persona umana. Rifiutate ogni gerarchia che sottintenda una soppressione della vostra responsabilità per le azioni da voi commesse.

Non è per caso che tutti i nazisti che sono stati giudicati, si sono difesi in buona fede dicendo che stavano soltanto eseguendo degli ordini. Anche colui che ha lanciato la bomba atomica su Hiroshima stava soltanto eseguendo degli ordini. Attualmente in Francia e in tutte le grandi potenze, ci sono uomini che si tengono in allerta per lanciare dei missili nucleari in totale buona coscienza perché avrebbero soltanto eseguito degli ordini..." Essi sono responsabili!

In tutta la Germania nazista milioni di uomini hanno torturato donne e bambini poiché non hanno fatto altro che eseguire degli ordini. Hitler è forse il solo responsabile? Troppo facile! Centinaia di missili nucleari sono pronti a partire dal suolo francese per giungere su città dove vivono donne e bambini ed il solo responsabile in caso di massacro sarebbe forse il Presidente della Repubblica? No! Ogni uomo che ha nelle proprie mani il potere di uccidere altri uomini è personalmente responsabile dell'uso che ne farà. Colui che accende il forno crematorio nel quale dei bambini gemono è ancora più responsabile del capo che dà l'ordine, e colui che sgancia una bomba su una città è più responsabile di colui che prende la decisione.

Ogni uomo è totalmente responsabile delle proprie azioni e non può in alcun caso trincerarsi dietro il fatto che ha agito soltanto per eseguire degli ordini che gli sono stati impartiti.

Voi Raeliani, se io stesso domani vi chiedessi di uccidere qualcuno per far progredire il nostro movimento, non dovreste farlo. Meglio ancora, se un Eloha in persona vi chiedesse di uccidere un uomo, voi non dovreste farlo. Si tratterebbe forse di Satana che cerca di provare agli Eterni che gli uomini sono fondamentalmente cattivi.

Tutte le vostre azioni devono basarsi su un rispetto profondo della vita degli altri, delle loro idee e dei loro gusti. Noi combattiamo le ideologie, senza mai prendercela personalmente con coloro che le sostengono.

Risvegliate coloro che vi circondano, abituateli a rispettare profondamente gli altri esseri umani e a rifiutare la deresponsabilizzazione, di cui l'esercito è il propagatore più pericoloso.

L'85% in Germania, il 60% negli Stati Uniti... Dovete agire utilizzando tutte le vostre forze perché domani non esista più di un 10% di deboli che accetterebbero di compiere azioni violente ordinate da una gerarchia politico-militare.

Quelli che hanno ucciso Gesù lo hanno fatto in totale serenità. Essi non erano responsabili: non facevano altro che eseguire degli ordini. Pilato stesso si rifiutò di assumersi la responsabilità della condanna a morte. Se ne "lavò le mani". E lasciò che dei fanatici condizionati da rabbini come delle S. S. lo crocifiggessero. Se si interrogassero tutte queste persone, nessuno si sentirebbe responsabile. Se ne laverebbero tutti le mani come hanno fatto i romani: i rabbini perché direbbero di aver obbedito alla fede e ad un capo, i fanatici anche. In breve, si potrebbe trovare forse un responsabile, ma in realtà è tutta una popolazione ad aver commesso un crimine. Il crimine di non intervenire per impedire un simile assassinio, cioè la condanna a morte di un innocente.

Anche quelli che hanno mandato i primi cristiani a morire nella fossa dei leoni, non facevano altro che eseguire degli ordini, ed anche coloro che hanno bruciato le streghe, quelli che hanno martirizzato i protestanti. Proprio come i nazisti di Auschwitz che eseguivano solamente degli ordini, come il pilota del bombardiere che ha volato su Hiroshima o come gli uomini che si sono trovati al comando degli elicotteri che hanno raso al suolo i villaggi vietnamiti…

Tutti voi, in ogni istante, avete una possibilità di scelta: continuare ad essere responsabili delle vostre azioni o diventare "irresponsabili". Ma gli "irresponsabili" sono comunque responsabili delle proprie azioni e dovranno risponderne un giorno, poiché sono tutti dei criminali contro l'Umanità.

Imparate questo a memoria, se necessario, ma rifiutate ogni obbedienza ad una gerarchia che mira a farvi compiere azioni di cui non sarete ritenuti responsabili. L'esercito ne è l'esempio più pericoloso. È meglio morire essendo responsabili del proprio rifiuto di uccidere piuttosto che uccidere gli altri nascondendosi dietro il pretesto di aver soltanto obbedito a degli ordini. Colui che esegue ordini mostruosi è più responsabile di colui che li dà.

Nessuna causa giustifica la sofferenza altrui, qualunque essa sia. Se la sopravvivenza dell'Umanità dipendesse dalle sofferenze inflitte ad un solo uomo non violento, sarebbe meglio lasciar perire l'Umanità intera. E ciò vale ancor di più se si tratta soltanto della sopravvivenza della "patria", vale a dire di una frontiera tracciata arbitrariamente su una Terra che è di tutti gli esseri umani.

Solamente il rispetto assoluto di questo principio può impedire lo slittamento impercettibile verso una deresponsabilizzazione degli individui.

"Io sono responsabile di tutto ciò che faccio agli altri anche se mi viene ordinato di farlo". Ecco la prima frase che bisogna avere sempre in mente.

"Nessuna causa giustifica la sofferenza o la morte di un essere non violento e, anche se la sopravvivenza stessa dell'Umanità dipendesse da questo, la cosa non giustificherebbe alcuna eccezione". Ecco la seconda frase che bisogna tenere sempre a mente.

È evidente che tutto ciò non rimette in discussione il diritto alla legittima difesa, come esposto nei messaggi, e che permette di ridurre eventualmente all'impotenza con la forza qualcuno che tenti di usare la violenza contro di voi o contro coloro che amate. Se un militare con i suoi missili minacciasse la distruzione dell'Umanità, sarebbe del tutto giustificato cercare di ridurlo all'impotenza utilizzando la forza, fino a giungere ad ucciderlo se non ci fossero altri mezzi. La violenza può essere applicata nei confronti di coloro che minacciano l'Umanità con la violenza, cercando, se possibile, soltanto di disarmare e di ridurre all'impotenza.

Esiste d'altronde un buon mezzo per obbligare al ripensamento coloro che detengono nelle loro mani il potere di annientare delle città eseguendo gli ordini che chiedono loro di lanciare missili nucleari. È sufficiente tenere una lista precisa delle loro identità affinché sappiano che, in caso di utilizzo di queste armi, verranno perseguiti a livello personale esattamente come coloro che hanno dato gli ordini. Si cerca di applicare questo principio nel caso dei criminali nazisti. Se una tale lista fosse esistita prima del 1939 e simili disposizioni fossero state conosciute da tutti, essi avrebbero certo riflettuto due volte prima di torturare.

I civili non violenti dovrebbero avere la possibilità di piazzare fra i militari degli osservatori neutrali incaricati di rilevare l'identità di tutti quelli che compiono missioni disumane con il pretesto di obbedire a degli ordini.

Esiste una polizia delle polizie, non esiste però una polizia degli eserciti, che sono liberi di ordinare tutto ciò che vogliono, sapendo che in tempo di guerra un soldato che si rifiuta di eseguire un ordine può essere fucilato sul campo. Questi osservatori, nell'attesa che sulla terra non esistano più né eserciti né guerre, potrebbero opporsi all'esecuzione dei soldati che si rifiutano di eseguire ordini che potrebbero essere considerati come crimini contro l'Umanità. L'ONU potrebbe imporre tali osservatori agli eserciti di tutte le nazioni, e nessun militare potrebbe essere condannato a morte senza che la sua disobbedienza agli ordini non sia stata prima giudicata da un consiglio di osservatori per appurare se l'ordine dato non costituisse un crimine contro l'Umanità.

È proprio così che molti uomini vengono obbligati ad eseguire degli ordini che essi stessi condannano: hanno paura di essere puniti se non ubbidiscono. Preferiscono uccidere o torturare degli innocenti piuttosto che essere loro stessi imprigionati o uccisi. Rifiutate di piegarvi! Siate veramente degli eroi dell'Umanità e preferite la prigionia o l'uccisione piuttosto che alzare la vostra mano su degli innocenti. Quando avrete motivato milioni di persone ad agire come voi, coloro che danno gli ordini vedranno di fronte a loro un esercito di uomini che si rifiutano di compiere i crimini che essi comandano. Sarà allora giunto il tempo di punire coloro che hanno osato impartire simili ordini nella speranza di essere ascoltati.

Prima del 1936, gli uomini hanno trovato le energie sufficienti per rifiutare il lavoro ed organizzarsi in sindacati quando i padroni erano onnipotenti nello sfruttamento del "bestiame" umano, e parecchi di loro sono morti per i proiettili dei poliziotti difensori "dell'ordine". Si può trovare la stessa energia per lottare contro l'ultima forma di tirannia imposta agli abitanti della Terra: il militarismo.

Tutto quello che vi dico disturba molta gente che possiede potere ed onori. Sfortunatamente per loro, si sono accorti troppo tardi della mia esistenza. Se durante i primi due anni della mia opera ero molto inquieto, adesso non lo sono più. Se fossi stato imprigionato all'inizio della mia azione, non avrei potuto portare a buon fine la mia missione sulla Terra. Per fortuna i potenti hanno sorriso di fronte a questo giovane capellone che parlava di dischi volanti e di marziani dalle antenne rosa…

Adesso comprendono quanto il contenuto dei messaggi dei nostri creatori sia rivoluzionario e quanto rimetta in discussione tutto ciò che è servito loro per costruire il loro potere, la religione, la politica, l'esercito, il lavoro, la famiglia, la patria, ecc. Allora cominciano a cercare di impedirmi d'agire utilizzando contro di me la loro "giustizia", così com'è stata utilizzata la giustizia contro mio fratello, Gesù. C'è sempre una giustizia per giustificare la peggiore delle ingiustizie. C'erano dei tribunali assolutamente ufficiali per condannare i primi cristiani, per mandare le streghe al rogo, gli ebrei nei campi di sterminio, o i dissidenti sovietici negli ospedali psichiatrici o nei campi di lavoro. Tutte queste persone erano un elemento di disturbo poiché si rifiutavano di rientrare nei ranghi. Sfortunatamente per loro, si sono svegliati troppo tardi. Anche se mi rinchiudono in fondo ad una delle loro prigioni, voi siete migliaia disseminati in diverse nazioni e siete a vostra volta dei messaggeri degli Elohim. Non sono più solo, siamo tremila. Ed entrerei in cella con il sorriso sulle labbra, pensando a voi che nel mondo intero sarete tanti altri Rael che lavorano insieme perché l'Ambasciata venga edificata e perché l'Umanità entri nell'era d'oro.

In fondo alla mia prigione conoscerei la felicità di qualcuno che ha portato a termine ciò per cui esisteva e saprei che tutto sta andando avanti anche senza di me, con la speranza che mio padre che è nei cieli si renda conto che non sono più molto utile sulla terra e mi permetta di raggiungere i profeti miei fratelli sul pianeta degli Eterni.

Soltanto all'idea di tutto ciò, ho voglia di cantare per la gloria dei nostri padri, di tornare a pronunciare queste parole che gli uomini hanno ripetuto senza comprendere: Alleluia! Alleluia, che in ebraico significa: "sia lodato Jahvé". Sì, sia lodato Jahvé per avermi dato la forza di compiere la mia missione fino in fondo.

Ora passo il testimone a voi, fratelli raeliani. Sta a voi compiere la vostra missione e riprendere la fiaccola che vi ho trasmesso. Anche se il tempo in cui la verità trionferà non è ancora giunto, esso non è più così lontano e voi avrete la fortuna di viverlo.

Sta scritto: "Questa generazione non passerà prima che tutto venga rivelato"; questo si riferisce a coloro che avranno la fortuna di vivere nell'era dell'Apocalisse nella quale siamo entrati a partire dal 1945. Questa generazione siete voi! E voi, o conoscerete l'era d'oro su una Terra che avrete contribuito a pacificare e ad illuminare, oppure tutto salterà e voi conoscerete l'era d'oro in compagnia degli eletti che sono già sul pianeta degli Eterni.

Gli Elohim contano su di voi per far trionfare la luce. La mia ultima parola sarà ancora una demistificazione etimologica: Amen! che in ebraico significa: così sia!

E voi, che scoprite quest'opera senza conoscere i messaggi dei nostri creatori, affrettatevi a leggere i due libri che li contengono, e raggiungeteci per aiutarci a farli conoscere agli uomini della Terra e per costruire insieme la residenza nella quale essi verranno ufficialmente a prendere contatto con i governanti del nostro pianeta. Verranno in quest'ambasciata, l'ambasciata terrestre degli Elohim, accompagnati dai loro antichi messaggeri, Mosé, Gesù, Buddha, Maometto e qualche altro ancora, proprio come annunciavano le Sacre Scritture.

Poi scrivetemi. Risponderò personalmente alla vostra lettera e vi indicherò dove e quando potrete far effettuare la trasmissione del vostro piano cellulare, il primo atto che prova il vostro riconoscimento degli Elohim come nostri creatori. Vi darò l'indirizzo della guida della vostra regione, i luoghi e le date dei seminari raeliani che possono fare di voi una guida, vale a dire un efficace messaggero della nostra religione atea dell'infinito, dello sboccio e dell'amore dell'Umanità.

Prendete la vostra penna! Non siate più spettatori della vostra vita! Diventate attori sulla scena di questa triste quotidianità, grigia e rassegnata, che è la vostra, per illuminarla dei mille colori cangianti della coscienza assoluta.

Avete un foglio, qualcosa per scrivere, semplicemente, modestamente. Con le parole di tutti i giorni ditemi se la scoperta della verità vi ha sconvolto. Non lasciate cadere questo impulso che avete sentito crescere dentro di voi dicendovi: "Boh, non è male, ma cosa potrò cambiare proprio io, che so pochissime cose, e cosa diranno i miei vicini?", ecc.

Non rientrate nella fragile conchiglia che la società vi ha incollato sulla schiena! Avete cominciato a fare uscire la vostra testa e la cosa vi è parsa meravigliosa, ma avete paura che ciò sia solamente un'illusione e che questo piacere passeggero possa causarvi in seguito molti problemi. È falso!

Questa fantastica esaltazione che avete sentito dentro di voi, vivetela fino in fondo. Entrerete in un mondo nel quale incontrerete centinaia di persone che, come voi, ad un tratto, in una sola notte, hanno scoperto i messaggi ed hanno anch'esse esitato prima di impegnarsi nella loro diffusione.

Vi aiuteranno, spiegandovi qual'è stata la loro progressione. Vi ritroverete nei loro discorsi, ridendo delle vostre angosce, riempiti dalla felicità di poter parlare liberamente e senza temere reazioni ironiche. Fin dall'inizio, sarete certi di parlare con persone che hanno la stessa vostra concezione dell'universo. Questa concezione che avete in voi e della quale non osavate parlare a nessuno per paura di essere presi in giro.

Pierre, una delle nostre guide, ha detto: "Non si diventa Raeliani: si scopre che già lo si era scoprendo i messaggi".

Se anche voi avete scoperto che lo eravate già, aspetto una vostra lettera e gli Elohim aspettano che la imbuchiate!

Rael,
International Raelian Movement
Case Postale 225, CH-1211
Geneva 8, Switzerland

Email: headquarters@rael.org

Per contattare il Movimento Raeliano in Italia scrivete a:

Movimento Raeliano Italiano
CP 202 - 33170 PORDENONE

o inviate un e-mail a: italy@rael.org

IV

Addendum

Apparizione del 7 ottobre 30 D.H. (1976)

Il 7 ottobre del 1976, una cinquantina di raeliani erano riuniti alla Nègrerie, nei pressi del Roc Plat, in Dordogna, nel Sud-Ovest della Francia, per il primo anniversario del contatto del 7 ottobre del 1975 nel corso del quale Rael era stato condotto sul pianeta degli eterni ed aveva ricevuto il secondo messaggio contenuto nel libro "Gli extraterrestri mi hanno portato sul loro pianeta".

Il raduno doveva aver luogo alle ore quindici. Alle ore quattordici e quarantacinque, tutti si recarono sul luogo previsto e si riunirono attorno a Rael. Regnava un'immensa armonia e tutti erano molto commossi nel trascorrere qualche minuto con l'ultimo dei profeti. Improvvisamente, qualcuno gridò: "Cosa cade dal cielo?". Dei grandi fiocchi cadevano da un cielo quasi senza nubi. Sembravano fatti di una materia cotonosa e quando qualcuno li toccava si volatilizzavano nel giro di pochi istanti.

Poi qualcuno gridò: "Là! C'è qualcosa che brilla nel cielo!", alzando la mano. Due oggetti luminosi molto brillanti si trovavano esattamente sopra di noi. La caduta dei fiocchi durò una decina di minuti e gli oggetti volanti scomparvero repentinamente. Roger, guida di Tolosa che lavora in un laboratorio di ricerca, riuscì a prelevare all'interno di un tubo uno di questi ammassi di cotone, ma nel momento in cui li estrasse per esaminarli, questi si volatilizzarono.

Tutti coloro che ebbero il privilegio di vivere questi momenti straordinari, non restarono delusi di aver attraversato tutta la Francia, ed anche di più, per far effettuare da Rael la Trasmissione del loro Piano Cellulare. Nel luogo esatto del raduno e nel momento preciso in cui questo raduno doveva aver luogo, gli Elohim avevano offerto ai presenti un segno che mai avrebbero potuto dimenticare. E per la prima volta, Rael non era il solo ad essere il testimone delle loro evoluzioni. Cinquanta persone erano con lui e possono così offrire la loro testimonianza.

In seguito, Philippe, guida del Belgio, trovò un libro dove era scritto che un fenomeno simile era stato osservato varie volte, un po' ovunque nel mondo, in particolare in Italia durante una partita di calcio che dovette essere interrotta, ed anche in Belgio e in Brasile dove erano stati avvistati due oggetti luminosi e dei fiocchi cotonosi.

Rael ci dice sempre che i nostri raduni non hanno lo scopo di renderci testimoni di un'altra apparizione, ed egli non può fare a meno che ripeterlo ogni volta. In ogni caso sono numerosi coloro che sperano che gli Elohim ci faranno un'altra grande sorpresa...

Messaggio degli Elohim del 14 marzo 32 d.H. (1978)

Trasmesso a mezzanotte telepaticamente a Rael.

"Io Jahvé, per bocca del mio messaggero Rael, invio agli uomini della Terra il seguente messaggio:

"Prestate attenzione! Non è impossibile che prossimamente degli extraterrestri diversi da noi prendano contatto con gli uomini della Terra. Sono anch'essi degli esseri che noi abbiamo creato scientificamente in un altro settore dell'universo e con i quali non manteniamo alcun rapporto diretto per delle ragioni che non possiamo spiegarvi senza causare un disequilibrio.

Sappiate semplicemente che noi contiamo su di voi per insegnare a questi esseri, che sono i vostri fratelli dello spazio e che cercano proprio come voi di conoscere quale è la loro origine, la verità sulla loro creazione, rivelando loro "Il libro che dice la verità" ed il messaggio del 7 ottobre dell'anno 30 dell'era dell'Apocalisse".

È importante notare che si tratta del solo ed unico messaggio trasmesso telepaticamente a Rael in tre anni (fra il momento in cui Rael ha ricevuto il secondo messaggio nell'anno 31 e la pubblicazione di quest'opera nell'anno 34 -1979), poiché tutto ciò che gli uomini devono sapere, o quasi, è stato detto nei primi due messaggi.

Modifica dei nuovi comandamenti

Il sesto dei nuovi comandamenti, alla pagina 87 del secondo messaggio, viene modificato.

Al fine di evitare un invecchiamento eccessivo del capo della Chiesa Raeliana, come avviene nella chiesa cattolica romana, la Guida delle Guide verrà eletta per sette anni dalle guide del quinto livello, che dovranno essere almeno dodici ad esprimersi.

Nell'attesa del numero sufficiente, sarà eletto dalle guide del quarto livello associate alle guide del quinto livello che dovranno essere in totale almeno dodici a pronunciarsi. Nel caso in cui non vi sia un numero sufficiente di guide di entrambi i livelli, allora le guide del terzo livello saranno ammesse anch'esse al voto.

La Guida delle Guide sarà eletta tra le guide del quarto e quinto livello, e potrà essere rieletta a conclusione del suo mandato della durata di sette anni. Questa modifica riguarda anche una modifica del quarto dei nuovi comandamenti, a pagina 87 del secondo messaggio.

Il dono annuale, equivalente almeno a un centesimo delle entrate, dovrà essere fatto alla Fondazione Raeliana che provvederà ai bisogni della Guida delle Guide per permettergli di consacrarsi a tempo pieno alla sua missione di diffusione dei messaggi.

Queste modifiche del secondo messaggio vengono accettate dai nostri creatori che comprendono la fondatezza di queste nuove disposizioni suggerite da Rael al fine di rendere il Movimento più efficace ed accelerarne la diffusione.

V

Commenti e Testimonianze di Raeliani

Il Raelismo Sotto L'occhio Della Scienza

Di Marcel Terrusse

Ingegnere chimico, Guida raeliana.

I. Oscurantismo Evoluzionista E Mito Neo-Darwinista

La maggior parte delle persone ha appreso l'evoluzione a scuola. Queste persone hanno subito l'influenza di questa teoria studiando la storia, le scienze, la filosofia ed anche la religione. A questo proposito, Jean Rostand ha confessato quanto segue: "Noi siamo impregnati, saturi dell'idea trasformista… Abbiamo appreso tutto ciò sui banchi di scuola. Abbiamo ripetuto meccanicamente che la vita si evolve, che gli esseri si trasformano gli uni negli altri".

Questo indottrinamento, generazione dopo generazione, finisce inevitabilmente per influenzare la mente umana, tanto più che agli studenti viene raramente presentato il punto di vista opposto!

Quando sapienti, professori ed ecclesiastici bene in vista affermano che l'evoluzione è un dato di fatto, e lasciano intendere che solo gli ignoranti si rifiutano di crederci, quanti profani oseranno contraddirli?

Ciò è particolarmente vero per qualcuno che progetta o segue una carriera scientifica.

Fortunatamente, alcune menti particolarmente lungimiranti insorgono contro tale stato di fatto e, nel suo libro L'évolution (1960), l'eminente biologo Jean Rostand scrive: "è davvero così sicuro, come affermano i neo-darwinisti, che il problema dell'evoluzione sia stato definitivamente risolto?"

"Le trasformazioni che conosciamo e che si vogliono rendere responsabili dell'edificazione del mondo vivente sono, in generale, privazioni organiche di deficienze (perdita di pigmenti, perdita di un'appendice), o raddoppiamenti di organi preesistenti. In ogni caso, non apportano mai nulla di nuovo, di veramente originale, al piano organico, niente di cui si possa pensare possa essere la base di un nuovo organo o l'innesco di una nuova funzione".

"No, decisamente, non posso decidere di pensare che questi "lapsus" dell'ereditarietà abbiano potuto, anche con il concorso della selezione naturale, anche con il favore dell'immensa durata di cui dispone l'evoluzione della vita, fondare tutto il mondo vivente, con le sue ricchezze e le sue delicatezze strutturali, i suoi stupefacenti adattamenti".

Nel corso degli ultimi decenni, ci si è dedicati a numerosi esperimenti per determinare il meccanismo delle mutazioni.

In particolare, è stata studiata la mosca dell'aceto, Drosophila melanogaster. Questi lavori vennero condotti, fra gli altri, da H. J. Muller, premio Nobel 1946, che diceva: "È talmente raro che una mutazione sia salutare, che noi possiamo considerarle tutte come nocive".

La maggior parte delle mutazioni, tanto quelle che sono provocate in laboratorio, tanto quelle che appaiono tra la popolazione, produce deterioramenti, trasmissione di malattie ereditarie e deformità.

Il piano cromosomico degli organismi viventi è estremamente complesso, ed ogni modificazione aleatoria provocherà inevitabilmente una disorganizzazione.

Attraverso metodi sperimentali, sono stati prodotti polli con il collo nudo ed anche completamente privi di piume, insetti il cui colore degli occhi, le ali, gli arti posteriori o altri organi sono stati più o meno modificati. Ma allo stato brado nessuno di questi mutanti ne risulta avvantaggiato.

Un incidente non porta mai miglioramenti, ma solo danni.

Non si cerca di migliorare la precisione di un cronometro, gettandolo a terra, o di accrescere la complessità di un computer colpendolo con una chiave inglese!

Ed il fattore tempo non cambia nulla, ciò che era impossibile ieri lo è anche oggi.

I mutanti restano sempre nell'ambito della specie primitiva. Le innumerevoli trasformazioni provocate nella Drosophila non hanno mai prodotto individui diversi dai loro antenati. Le mutazioni fanno variare la taglia, la morfologia, il colore delle mosche, ma nessuna mutazione o serie di mutazioni ha mai fatto apparire un organismo veramente nuovo.

Le cellule viventi sono composte di molecole estremamente complesse, esse stesse assemblaggi di atomi, numerosi e differenti. È possibile che inizialmente questi atomi sparsi abbiano potuto raggrupparsi spontaneamente ed assemblarsi?

No, poiché la materia inanimata non cerca di migliorarsi; essa tende al contrario verso uno stato di neutralizzazione o di stabilizzazione. Non serve a nulla invocare l'aiuto di enormi periodi di tempo.

Il tempo produce la decomposizione, la disintegrazione.

Questa tendenza d'altronde è enunciata in una legge della termodinamica che definisce la funzione "entropia". Questo termine designa la tendenza propria di ogni struttura organica a regredire verso una struttura meno organizzata.

Non c'è mai un guadagno di ordine senza l'intervento di una forza esterna.

La materia inanimata, sprovvista di movimento, di energia, sarebbe rimasta indefinitamente inerte senza l'intervento di una forza esterna direttrice ed organizzatrice. La teoria evoluzionista è in contraddizione con la legge dell'entropia.

Non sono stati applicati e si continua a non applicare metodi veramente scientifici per costruire le teorie dell'evoluzione. I fatti non hanno superato le conclusioni preconcette nella mente degli evoluzionisti.

Questi fatti dovrebbero permettere loro di esprimere un giudizio sulla sola base di prove solide e di trarne conclusioni oneste, deduzioni che non siano fondate sull'egocentrismo, le arguzie, la ricerca della gloria e della carriera, o su nozioni preconcette. La vita sulla terra non è il frutto della casualità e della necessità, ma il risultato di un intervento esterno, dell'intervento degli Elohim, nostri creatori.

II. Ipotesi Per Una Nuova Storia Dell'umanità

La CIA, la centrale informativa degli USA, ha affidato all'Hudson Institute il compito di realizzare uno studio sulla ripartizione delle risorse di carbone, petrolio e gas naturale nel mondo.

Il professor Nebring, direttore dei lavori di ricerca, è giunto ad una constatazione che è un enigma per lui e per i geologi.

Alla fine del periodo geologico del Triassico, all'epoca in cui i continenti non erano ancora separati come lo sono attualmente, esisteva una sorta di anello petrolifero.

In seguito alla deriva dei continenti, questo anello petrolifero si è frammentato in diverse porzioni che costituiscono oggi la maggioranza dei grandi giacimenti mondiali: i giacimenti dell'Artico e dell'Alaska, le sabbie asfaltiche dell'Alberta, gli scisti bituminosi del Colorado, Messico, Venezuela, gli oli pesanti dell'Orinoco, Nigeria, Sud-Sahara, Libia, Arabia, Iran, Siberia occidentale.

Questa ripartizione anulare è molto sorprendente per il professor

Nebring...

Attualmente, si pensa che il petrolio sia il risultato della decomposizione di organismi viventi in ambiente riduttore e al riparo dall'aria. I grassi e le proteine vengono trasformati da batteri anaerobici (che vivono in assenza d'ossigeno). Questa spiegazione suggerisce dunque un rapido interramento per far sì che i batteri aerobici non decompongano questi materiali.

I materiali che costituiscono il carbon fossile sono vegetali, in particolare felci arborescenti. Ed anche in questo caso dev'esserci stato un interramento molto rapido, perché altrimenti, in una foresta, un albero morto caduto per terra si trasforma in humus nell'arco di qualche mese.

L'esame dei giacimenti mostra grovigli ed accumulazioni ad altezze considerevoli (duemila metri nel Nord della Francia) ed estese su superfici impressionanti (diciottomila chilometri quadrati negli Stati Uniti, nella Regione degli Appalachi).

Il volume del materiale brutalmente interrato è enorme. Nessuna teoria attuale spiega in modo soddisfacente come tali eventi abbiano potuto prodursi.

Noi, Raeliani, abbiamo la chiave di questo enigma.

Gli Elohim, quando decisero di distruggere i laboratori e le basi che avevano costruito sulla terra, così come l'insieme della loro creazione, dovettero utilizzare mezzi di distruzione di una potenza tale che, al loro confronto, anche le nostre bombe più devastanti sembrerebbero semplicemente dei petardi per bambini.

Il continente originale sul quale essi avevano costruito le loro basi e che nel corso dei secoli si era coperto di foreste abitate da tutti gli animali della creazione, non resistette a questo cataclisma.

La superficie del suolo, le foreste e gli animali vennero spazzati via dalle onde d'urto delle esplosioni. Anche la terra superficiale venne raschiata via, seppellendo così sotto tonnellate di materiale innumerevoli forme di vita animale ed umana...

La materia organica venne in tal modo brutalmente interrata e subì in seguito la lenta trasformazione in carbon fossile e in petrolio...

E quest'immenso anello che oggi intriga tanto Nebring, rappresenta l'ammasso di materia che venne spinto verso l'esterno dal più formidabile bombardamento che l'Umanità abbia mai dovuto subire...

Il continente originale non resistette al colpo d'ariete e si frammentò sotto l'effetto delle onde d'urto...

Durante questo avvenimento, le placche continentali si separarono brutalmente e, scivolando sul loro basamento di magma vischioso, si mossero in direzioni diverse; il loro slittamento, dapprima molto rapido, rallentò col passare degli anni fino a raggiungere i pochi centimetri all'anno di oggi...

La velocità di allontanamento dei continenti che misuriamo oggi è una "velocità residua", che tende a decrescere nel tempo.

Nel corso delle migliaia di anni che separarono la creazione del continente originale ad opera degli Elohim dal periodo del diluvio e delle distruzioni, l'erosione compì la sua opera. Grandi masse di sedimenti si accumularono in fondo agli oceani, in particolare sui bordi della scarpata continentale, sedimenti ricchi di resti animali e vegetali di ogni tipo, conchiglie, ecc.

Le placche del Nord e del Sud America, scivolando verso ovest, scalzarono i sedimenti oceanici che, accumulandosi sul bordo della placca continentale, si elevarono a formare la Cordigliera delle Ande e le Montagne Rocciose.

Allo stesso modo, il subcontinente indiano, staccandosi dall'Africa e scivolando verso nord-est, intrappolò fra sé e la massa asiatica, la formidabile massa di materiali che costituisce oggi la catena himalayana.

Il continente antartico, alla deriva verso sud, si ricoprì di uno spesso mantello di ghiacci imprigionando sino ai nostri giorni resti di vegetazione tropicale.

L'Australia, inizialmente affiancata all'Africa ed al subcontinente indiano, partì verso est, accumulando sul suo lato est i sedimenti che formano oggi la cordigliera australiana...

Questi cataclismi furono titanici. Ci furono sconvolgimenti che provocarono grandi cambiamenti climatici e geologici, annientando innumerevoli forme di vita, seppellendole sotto coltri di fango ghiacciato, sabbia, limo e terra.

In certe zone, le brutali variazioni di temperatura inghiottirono animali e piante tipici di zone tropicali in una ganga di fango ghiacciato che li ha conservati fino ai nostri giorni. E vediamo periodicamente emergere dalle loro bare di ghiaccio del Grande Nord siberiano, mammut ed animali di ogni sorta...

Solamente un esiguo numero di uomini venne protetto nell'arca durante il diluvio. Al loro ritorno, trovarono dei continenti completamente devastati dalle distruzioni ed irriconoscibili. Gli sconvolgimenti geologici erano stati enormi. In numerosi luoghi il suolo era stato strappato via e le faglie nello zoccolo continentale provocavano dei fenomeni vulcanici.

Nei loro spostamenti su questo terreno difficilmente riconoscibile, questi superstiti giunsero a constatare che, là dove precedentemente si trovava la terra di un immenso continente, ora c'era il mare.

Nella loro mente, e in quella dei loro discendenti, un tale ricordo si deformò poco a poco e nacque così il mito dei continenti scomparsi...

L'idea della scomparsa del continente di Mu o di Atlantide deriva da questo ricordo, deformato dal tempo e dalla trasmissione orale. Il ricordo che, in tempi lontani, là dove si trova oggi l'acqua si trovava un continente...

Ma il continente non è sprofondato sotto il mare... si è allontanato...

Non tutte le specie viventi vennero ricreate dopo il diluvio; alcune di esse, considerate come mostruose o nocive per il mantenimento dell'equilibrio geologico, non furono reimpiantate, come nel caso di tutti i grandi rettili, i dinosauri ed altri spaventosi Sauri.

Questo spiega la scomparsa brutale e simultanea di questi animali antidiluviani...

Dopo il diluvio, gli Elohim coabitarono con gli uomini della Terra. Le tracce della loro presenza, che si possono ritrovare disseminate ai quattro angoli della terra, sono postdiluviane.

Impariamo ad aprire gi occhi, abbiamo attorno a noi tutto quello che ci serve per comprendere. Siamo al tempo dell'Apocalisse, un tempo in cui possiamo nuovamente sperare di ritrovare i nostri creatori, gli Elohim.

III. Il Battesimo Raeliano Sotto Lo Sguardo Della Scienza

Oggi sappiamo che gli studi spettrali, vale a dire lo studio delle relazioni tra materia ed energia, hanno permesso di ottenere tutto un insieme di informazioni e di precisazioni sulla struttura e la costituzione delle molecole.

La materia, che appare continua alla scala dei nostri sensi, possiede una struttura discontinua in ognuno dei suoi stati, solido, liquido e gassoso. Essa è essenzialmente costituita da molecole che risultano anch'esse da un assemblaggio di atomi.

L'atomo è assimilabile ad un sistema planetario in miniatura costituito da un nucleo di carica positiva attorno al quale gravitano degli elettroni suscettibili di ruotare allo stesso tempo su se stessi, proprio come la terra nel suo movimento intorno al sole. Il movimento degli elettroni è descritto da quattro numeri quantici (principale, secondario, magnetico e di spin). La meccanica ondulatoria associa ad ogni corpuscolo in movimento un'onda la cui legge di propagazione è enunciata nell'equazione di Shrodinger.

Un atomo è suscettibile di emettere o assorbire soltanto radiazioni di frequenze ben determinate, il che si traduce nell'apparizione di uno spettro di righe separate le une dalle altre. Esiste una corrispondenza tra le energie di un atomo nei suoi diversi stati e le frequenze delle radiazioni che esso è suscettibile di emettere o assorbire. Ogni atomo può dunque essere caratterizzato dal suo spettro atomico.

La risonanza magnetica nucleare è anche suscettibile di fornire precisazioni molto dettagliate sulla natura dei legami tra atomi all'interno della molecola. Allo stesso modo anche gli atomi presenti in una molecola sono suscettibili di vibrare gli uni in rapporto agli altri. Se la molecola contiene al suo interno soltanto due atomi, esiste solo una vibrazione fondamentale possibile, che segue la retta che congiunge i due centri di gravità dei due nuclei. La vibrazione è dunque lineare. Le molecole che contengono più di due atomi possiedono un numero più grande di vibrazioni fondamentali.

Anche gli atomi sono suscettibili di ruotare attorno a degli assi. Le energie di vibrazione e di rotazione possono variare solo in modo discontinuo. Il passaggio da un livello di energia ad un altro, ha luogo sia per assorbimento che per emissione di energia. Le trasformazioni della materia sono inseparabili dagli scambi di energia. La manifestazione di questi scambi di energia può essere misurata e registrata. Otteniamo allora degli "spettri" specifici di queste trasformazioni: spettro molecolare di rotazione di vibrazione elettronica.

Tutte le molecole del nostro corpo vibrano ed emettono un insieme di vibrazioni che, di primo acchito, si presentano come un'enorme cacofonia. Il corpo umano è un emettitore di onde elettriche ed elettromagnetiche. Oggi la nostra tecnologia non ci permette di trarre informazioni da questi fenomeni su un sistema tanto complesso quanto il corpo umano e i nostri metodi di analisi non sono abbastanza raffinati da poter separare un'emissione proveniente da una molecola particolare e dissociarla dal "rumore di fondo". Ma con il tempo…

Ricordatevi che Hertz ha scoperto le onde che portano il suo nome solamente negli anni venti; la risonanza magnetica nucleare è conosciuta soltanto a partire dal 1946, allora, a che punto saremo fra cinquanta anni, fra cento anni, fra mille anni… non dimentichiamo che gli Elohim hanno un vantaggio tecnologico di venticinquemila anni rispetto a noi.

Il principio del battesimo e della Trasmissione del Piano Cellulare ci è oggi comprensibile, e questa cerimonia si spiega scientificamente. Ogni individuo possiede un piano cromosomico o cellulare che gli è proprio. Questa struttura vibra ed ha uno spettro di emissione elettromagnetica. Una guida iniziata "registrata" può servire da intermediario tra il nuovo raeliano ed il dispositivo di collegamento spaziale incaricato della sorveglianza degli uomini. La guida bagna le sue mani, al fine di stabilire un buon contatto elettrico, perché la trasmissione venga effettuata perfettamente. Il battesimo raeliano indica agli Elohim che il nuovo raeliano ha preso conoscenza dei messaggi e vi aderisce totalmente. È una cerimonia di "riconoscimento".

Impressioni di un "prete"

Di Victor Le Gendre,
Guida regionale per l'Est del Quebec, ex-prete cattolico romano.

Quando ho preso conoscenza dei messaggi trasmessi dagli extraterrestri a Claude Vorilhon "Rael", stavo facendo un viaggio in Europa come turista. A partire dal 10 giugno 1976 avevo già attraversato Francia, Italia e Svizzera, quando sono riuscito a mettere le mani sul primo messaggio, "Il libro che dice la verità", il 30 giugno, e, qualche giorno più tardi, il 2 luglio, sul secondo messaggio, "Gli extraterrestri mi hanno portato sul loro pianeta". Prima a Ginevra, poi a Clermont-Ferrand.

Sarebbe difficile spiegarvi a parole quali sono stati i sentimenti che ho provato leggendo questi due messaggi: uno stupore misto ad ammirazione e timore, uno choc ed una gioia! Ma dire così è riduttivo. Ero come trasportato dalla gioia, in uno stato di benessere e di euforia indicibili, in una pace profonda, con uno sguardo nuovo... No! uno sguardo completamente rinnovato su tutto. Se la parola risentimento non avesse questa connotazione peggiorativa, la utilizzerei per esprimere questi sentimenti diversi che vivevo intensamente.

Appena due giorni prima della mia partenza per l'Europa, avevo fatto visita ad uno dei miei amici musicisti che mi aveva chiesto di procurargli un libro, "Il libro che dice la verità", introvabile in libreria, a meno che non avessi saputo il nome della casa editrice (il secondo era allora perfettamente sconosciuto). Mi aveva fatto ascoltare la registrazione di un'intervista realizzata in Europa con un giornalista di Radio Canada International che venne trasmessa a più riprese sulle onde di Radio Canada nel corso della stagione 1975/76. Conoscevo solo vagamente questo messaggio. Per far piacere al mio amico, gli promisi di procurargli il libro.

Prima che la sua attesa venisse soddisfatta il 10 luglio seguente, giorno del mio ritorno, fu proprio la mia ad esserlo contro ogni speranza! È stato come se avessi scoperto una perla preziosa senza averla prima cercata, visto che non la conoscevo! Voglio parlare del contenuto di questo messaggio. È stato soltanto al mio ritorno che mi sono messo a cercare di comprenderne intelligentemente il contenuto, se così posso dire, un po' a caso tra le mie varie letture: innanzitutto nelle scritture bibliche che avevo studiato nel corso dei miei studi teologici e catechistici; nella Cabala in particolare, che non conoscevo affatto, eccetto per quel po' di ebraico che avevo appreso grazie alla teologia; nella storia delle religioni ed in particolare in quella del cristianesimo; infine, nel campo scientifico. Mi sono fatto un'opinione, una mia opinione molto personale a riguardo.

Ma cos'è che mi ha colpito di più di questi messaggi, che cosa mi ha davvero impressionato? Enumero, senza troppi commenti, i punti chiave, cercando di abbozzare una sintesi delle mie impressioni che meriterebbero di essere descritte in maniera più dettagliata:

- Nella Bibbia originale, scritta in ebraico, si parla degli Elohim, che letteralmente significa "coloro che sono venuti dal cielo", parola ingiustamente tradotta nelle bibbie correnti con la parola Dio; non di dio dunque o di un essere soprannaturale, immateriale, onnipotente, ma bensì di Elohim che sono costantemente presenti nella Bibbia e che, tra l'altro, hanno creato la vita in laboratorio, compresa la nostra Umanità, a partire da prodotti chimici inerti associati al DNA.

- Presenza costante degli Elohim o di extraterrestri in epoche diverse ed in diverse civiltà: siamo lontani da questa concezione limitata che dice che "non bisogna mescolare la Bibbia con gli extraterrestri".

- Non c'è anima che si invola dolcemente dopo la morte, bensì il piano cellulare che è alla base di ogni essere vivente.

- Il titolo del primo messaggio che si trova annunciato in Ezechiele, II, 9-10, nell'Apocalisse, V, 1; in Daniele, X, 21: "Ma rivelerò ciò che è scritto nel libro della verità", e XII, 4: "E tu Daniele, conserva queste parole segrete e sigilla il libro sino alla fine dei tempi. Molti cercheranno qui e là e la conoscenza aumenterà".

- La nozione di infinito – infinitamente grande e infinitamente piccolo – e l'apertura della nostra mente verso l'infinito: qui risiede la verità;

- L'evoluzione dovuta al caso, secondo una successione casuale, è un mito; l'evoluzione, al contrario, risiede innanzitutto nella mente dei creatori.

- Nessuno può appartenere ad un altro; noi non siamo proprietà di nessuno; da qui le conseguenze nelle relazioni di lavoro, nel matrimonio, nelle relazioni umane in genere.

- L'affermazione e lo sviluppo dell'obiettivo propriamente umano che ognuno è chiamato a perseguire nella sua vita: pensare, creare, sbocciare.

- Come amare se stessi per amare veramente gli altri.

- Le soluzioni proposte per risolvere i grandi problemi che assillano l'Umanità: tra le altre, la democrazia selettiva o geniocrazia che applicherebbe l'umanitarismo: il genio è la materia prima più preziosa per l'Umanità; il processo che bisogna seguire per avere un governo mondiale geniocratico: fabbricazione di robot che sopprimono il lavoro manuale; l'introduzione di un'unica moneta mondiale, nell'attesa della sua soppressione; l'imposizione di una seconda lingua unica, pur lasciando che ogni regione conservi la propria lingua madre; l'abolizione del servizio militare e la collocazione dei militari al servizio della pace: non si può continuare a ricercare allo stesso tempo la "pace" e la "sicurezza" come ci invitava a fare Paolo di Tarso (I, Thess. 5, 2).

- L'incontro perfetto tra religione e scienza. Le due si intrecciano perfettamente nella nostra epoca, l'era dell'Apocalisse o della Rivelazione: tutte le scritture religiose, in particolare la Bibbia, prevedono quest'era nella quale ci troviamo e la venuta dell'ultimo dei profeti prima che "l'acqua sia versata", vale a dire prima della venuta ufficiale dei nostri creatori per consegnare all'Umanità la loro eredità scientifica; tutti gli scritti religiosi, specialmente la Bibbia, annunciano che i profeti torneranno alla fine dei tempi, alla fine del mondo della Chiesa - circa una quarantina - in compagnia dei nostri Creatori, gli Elohim.

Quando ho chiuso i libri contenenti i due messaggi dopo averli letti, ho peraltro sentito in me, e in modo molto forte, questa ipocrisia dei cristiani (fra le altre) che pregano solo con le labbra, mentre il precetto dell'amore del prossimo è passato costantemente sotto silenzio; ho nettamente percepito il dominio temporale e spirituale esercitato dalla Chiesa grazie al denaro ed alle ricchezze che ha accumulato, dominio mantenuto ed incoraggiato dai poteri politici che vi vedono soltanto vantaggi; ho sentito questa mistificazione che non fa altro che addormentare le persone: siamo lontani dalla vigilanza raccomandata da Gesù per interpretare bene i segni dei tempi e riconoscerli nel momento in cui essi si presentano; ma sono il culto della tradizione e le abitudini secolari che hanno accecato le persone. Mi ricordo di queste parole del libro dell'Ecclesiaste, 7, 10: "Non ti domandare "com'è che il tempo passato è migliore di quello di oggi", perché questo problema non viene da saggezza". Ho sentito questo senso di colpa delle coscienze accentuato dall'idea che l'uomo è un peccatore, che è imperfetto!... spiegato dal rifiuto dell'intelligenza: l'uomo deve credere senza comprendere!... sostenuto dall'idea che il piacere sessuale ed anche quello sensuale siano da disprezzare!

Ho fatto il legame tra i segni dei tempi, annunciati negli scritti religiosi, e la nostra epoca che li vede realizzarsi. Quest'epoca, la nostra, è l'era dell'Apocalisse o della Rivelazione, l'era in cui tutto può essere compreso. Ora i segni dei tempi rivelano il mistero originale alla luce dei progressi scientifici. Chiunque faccia una ricerca, specialmente nella Bibbia, e confronti le predizioni della Bibbia con i successi della nostra era scientifica, non fa che svelare, constatare e comprendere cos'è "la fondazione della terra" e "ciò che è stato tenuto nascosto sin dalla fondazione del mondo".

Mi sia permesso di enumerare alcuni dei segni che si sono realizzati: l'uomo si eguaglierà agli Elohim (creazione della vita); i sordi sentono, i ciechi vedono, gli infermi riacquistano l'uso dei loro arti (protesi elettroniche); l'uomo porta la propria voce nei quattro angoli della terra (l'era delle telecomunicazioni e della radiofonia); la guarigione di persone avvelenate (antidoti contro il veleno, sieri, antiofidici); guarigione dei malati tramite l'imposizione delle mani (sviluppo della chirurgia); abolizione della mortalità infantile e prolungamento della vita; il popolo di David ritrova il suo paese (creazione dello Stato di Israele); numerosi segni nel cielo (UFO); migliaia di falsi profeti che fanno ricadere l'uomo nel fanatismo, nell'oscurantismo e nel misticismo (sette e religioni), ecc.

Anche se la Chiesa cattolica non mi considera più come "prete", aderendo al Movimento Raeliano Internazionale io resto comunque un prete: sono investito di una missione fantastica, quella di diffondere i messaggi al più gran numero di persone possibile; io sono e rimango un "prete", poiché a mia volta, come Rael, sono un messaggero di coloro nei quali ho sempre creduto (gli Elohim). Finalmente comprendo la vera natura della loro opera, quando hanno creato gli esseri umani e quando hanno inviato Gesù. Sono e rimango "prete", resto vigilante, vale a dire che dopo aver aperto la mia mente sono diventato un "apritore di menti", e non più un addormentatore di incoscienze; sono e resto "prete", vale a dire guida per l'Umanità sulla via della pace e dell'amore universale.

Sì, sono Raeliano!

Di Marcel Terrusse,

Ingegnere chimico, Guida raeliana

Sì, sono raeliano, un discepolo della religione dell'infinito del tempo e dello spazio, un figlio della Terra che ha ritrovato la traccia dei nostri padri delle stelle e che cerca di far prendere coscienza al resto dell'Umanità di questa favolosa storia che è la nostra.

Sfortunatamente credo che non si diventi raeliani, ci si accorge di esserlo… un giorno si incontrano i messaggi e vi si trova al loro interno un eco dei nostri pensieri, delle nostre preoccupazioni.

Un giorno o un altro, presi da vertigine di fronte al baratro insondabile del tempo e dello spazio, tutti noi abbiamo cercato di dissipare il mistero delle nostre origini e l'incertezza del nostro avvenire. I messaggi hanno risposto per me a queste preoccupazioni.

Certo, per qualcuno che come me ha ricevuto una formazione tecnica e scientifica, alcuni passaggi dei messaggi possono non apparire molto "ortodossi" o conformi all'insegnamento tradizionale. Ma applichiamo i consigli di Montaigne e "facciamo passare tutto al setaccio e non conserviamo nulla nella nostra mente per semplice autorità o a credito".

Se cerchiamo di passare al vaglio dell'analisi critica tutti gli elementi dei messaggi, prenderemo coscienza molto velocemente che si tratta di un monumento estremamente solido.

Ho sempre avuto l'intuizione che esistesse un legame tra tutte quelle storie più o meno favolose che ci giungono dai tempi antichi, e che ci fosse in ognuna di esse qualche pepita d'oro affogata in un guazzabuglio di frottole…

Mi sono messo alla ricerca del filo di Arianna ed ho avuto conferma che sono sempre esistiti dei contatti con gli Elohim. Se ne trovano le tracce nei miti e nei ricordi delle antiche civiltà:

- La mitologia greca che ci parla di tutta una serie di déi, semidéi e giganti delle prime ere.
- Il Mahabarata, epopea mitica dell'India, con le sue due parti: Veda e Ramayana.
- Il Gilgamesh, epopea sumero-babilonese.
- Il Kujiki in Giappone, che riporta ciò che è accaduto all'origine.
- Il Popol Vuh e le Cronache d'Akakor, in America latina.
- E più vicino a noi, il libro di Enoch, la Cabala, la Bibbia.
- Tracce fisiche possono essere osservate nella piana di Nazca (incisioni), a Baalbeck e, con grande certezza, a Tiahuanaco, nell'isola di Pasqua ed in molti altri luoghi sparsi nel mondo intero.

Abbiamo a nostra disposizione tutti i pezzi del puzzle per ricostruire la storia delle nostre origini.

Certo, durante la lettura dei messaggi, sono stato spinto a pormi delle domande riguardo all'apparente contraddizione che poteva esistere tra alcuni fatti citati e le conoscenze acquisite. Appare infatti chiaro che tutto quello che noi consideriamo come facente parte di nozioni scientifiche acquisite, riposa in realtà su ipotesi fragili e facilmente contestabili. Trovo inoltre che ci siano contraddizioni insormontabili nell'attuale insegnamento scientifico.

Da parte mia, ho sempre pensato che tutti i fenomeni della natura suscettibili di essere appresi nell'universo sono coerenti, e che tutti dipendono gli uni dagli altri in modo più o meno complesso.

Lo sviluppo di uno strumento matematico sempre più astratto, ha orientato la fisica verso una strada stranamente logica, ma al di fuori delle realtà materiali.

È così che Einstein ha enunciato il postulato che la velocità della luce fosse il limite invalicabile di ogni velocità nell'universo, commettendo l'errore monumentale di stabilire il principio del vuoto uniforme dello spazio e l'identicità a se stesso in ogni punto del cosmo, al di fuori delle stelle e dei pianeti.

Al di là delle nuvole che circondano il nostro pianeta, la densità delle molecole gassose diminuisce progressivamente con l'altitudine fino a raggiungere ciò che chiamiamo il vuoto.

Ora, il "vuoto" interstellare è percorso da onde di ogni natura: raggi gamma, raggi x, luce infrarossa, onde radio, ecc. Ogni ondulazione implica l'esistenza di un centro che oscilla, gli spazi interstellari non sono vuoti, come fa credere l'apparenza, ma sono riempiti di una sostanza capace di oscillare: un mezzo subquantico, composto di particelle infinitesimali in rapporto alla taglia degli atomi che conosciamo.

L'ondulazione implica il movimento ed il movimento l'energia. In un secolo in cui si considera come verità primaria l'equivalenza di massa ed energia, non è logico negare l'esistenza di una massa negli spazi interstellari ed intergalattici.

Lo spazio è eterogeneo e le proprietà locali di questo spazio dipendono dal gradiente energetico nel punto considerato. La terra ed il sistema solare sono immersi in un mezzo energetico diffuso composto di particelle subquantiche la cui pressione è responsabile di ciò che noi chiamiamo forze d'attrazione.

Lo spazio gravitazionale è assimilabile ad un'atmosfera gassosa analoga all'atmosfera aerea.

La velocità di propagazione delle onde varia in funzione della densità locale dell'energia, e non della costante relativistica. Tutte le distanze cosmiche devono essere quindi nuovamente calcolate.

Tutte le distanze in anni luce calcolate con i metodi tradizionali sono sopravvalutate. Le stelle che ci circondano sono molto più vicine di quanto crediamo. Inoltre, lo sviluppo di teorie che vogliono assoggettare le dimensioni dello spazio al tempo è aberrante.

Il fattore tempo che è parassita di tutte le formulazioni fisiche rappresenta un elemento arbitrario. "Il tempo non ha esistenza in sé; la nozione che noi ne abbiamo è soggettiva e deriva dalla nostra organizzazione biologica e mentale. Noi lo proiettiamo sul mondo esterno e ne traiamo l'illusione irresistibile di un tempo assoluto universale".

"Il tempo scientifico è convenzionale, riposa su misurazioni fisiche suscettibili di essere coordinate sotto diverse forme, in un senso arbitrarie". La nostra concezione del cosmo viene ad essere fondamentalmente falsata e con lei anche i nostri concetti filosofici.

Trovo ovunque intorno a me conferme dei messaggi. È sufficiente aprire gli occhi per comprendere che questa storia favolosa che è stata la venuta degli Elohim sulla Terra e la creazione scientifica della vita in laboratorio, siamo noi stessi in procinto di rinnovarla. Senza dubbio la mia formazione di chimico mi aveva reso familiari i rapporti esistenti tra elementi chimici e strutture biochimiche partecipanti ai meccanismi della vita. Ma per una mente curiosa, anche la rapida lettura di riviste scientifiche permette di intravedere gli obiettivi verso i quali si orientano la ricerca biochimica e quella medica.

Prendete coscienza che sono stati sintetizzati dei geni attraverso assemblaggio di nucleotidi; che sono stati impiantati segmenti di molecole di DNA all'interno di cromosomi batterici; che il transfert di materiale genetico da un organismo ad un altro ci sta diventando familiare...

Esaminate l'orientamento dei lavori degli ultimi premi Nobel... La conoscenza delle strutture molecolari e dei meccanismi che essi controllano sfocia nella possibilità di rigenerazione dei tessuti e nella sostituzione di organi, nella creazione di nuove specie animali e, a breve termine, nella sintesi di umanoidi a nostra immagine... e il cerchio si chiuderà...

Lo studio del meccanismo di codifica dell'informazione nelle molecole di RNA ci porterà prima a comprendere e poi ad utilizzare le sostanze memoriali contenute nel nostro cervello… Sostanze che potranno essere trasferite da un individuo ad un altro. Prendete coscienza che la rivoluzione biologica è in moto e che dalle sue conseguenze deriveranno modificazioni fondamentali delle nostre strutture sociali e politiche…

Svegliatevi, non si tratta di fantascienza. Essere raeliani, non significa rinchiudersi in un gruppo "che contempla se stesso" persuaso di essere il detentore della verità, sentendosi superiore in non si sa quale campo; il Movimento Raeliano invece è proprio tutto il contrario di una setta.

Il nostro cammino ha uno scopo ambizioso, ma avanza con umiltà, avendo coscienza che l'Umanità è penalizzata dall'aggressività, dall'orgoglio, dalla vanità e dall'egoismo. Amo la filosofia dell'esistenza sviluppata dal Movimento, poiché cerca il pieno sboccio degli individui. Essa ci insegna ad ascoltare ciò che abbiamo in fondo a noi stessi e a rivelare il meglio di noi stessi.

La vita è ovunque nell'universo, ma la nostra vita è unica ed è importante riuscire bene nella vita: "La vita è un bene perduto quando non è stata vissuta come avremmo voluto" (Eminescu)…

Ho trovato un cammino di sboccio nell'approfondimento dei messaggi, una migliore comprensione degli altri e di me stesso, e questi messaggi mi hanno permesso di prendere ancor più coscienza del nostro grado di solidarietà.

La filosofia del Movimento è una filosofia d'amore per la vita e per i suoi creatori, una filosofia tollerante e pacifica, che tende a decolpevolizzare la sensualità e spazzare via tutti i tabù e i divieti legati alla sessualità.

L'adesione al Movimento non è per me un reclutamento verso il quale io ho sempre avuto una grande diffidenza, ma un atto volontario che mi arricchisce e mi procura piacere. Questo grazie allo sbocciare della mia persona e alla gioia di diffondere i messaggi intorno a me.

Credo che non dobbiamo commettere l'errore - che si è verificato con Gesù - di dare più importanza al messaggero che ai messaggi. Il fatto essenziale è la presa di coscienza che gli extraterrestri hanno sempre giocato un ruolo nella nostra storia, e oggi tocca a noi riannodare i contatti con loro.

La storia passata dell'Umanità ci mostra che, ad ogni tappa della sua evoluzione, c'è stato bisogno di rimettere in discussione, a volte con qualche frattura, i nostri concetti scientifici, sociali, filosofici, religiosi. Sfortunatamente "una nuova verità scientifica, di solito, non si impone convincendo gli avversari; il suo trionfo deriva dall'estinzione progressiva di questi avversari e dall'apparizione di una nuova generazione per la quale questa verità è stata sempre familiare". (M. Planck)

Credo che dobbiamo insegnare alle persone ad assumersi le proprie responsabilità e a sbarazzarsi delle stampelle che sono le credenze e le religioni; noi cerchiamo di dissipare l'oscurantismo facendo innalzare il livello di coscienza. Poiché, se durante i secoli le religioni hanno chiesto ai loro fedeli (e qualche volta imposto) di "credere" ai misteri ed alle favole più deliranti, oggi la nostra storia ci appare comprensibile. Sta quindi a noi aprire gli occhi ed aprire la nostra mente per preparare il nostro avvenire.

Nel presente sono contenute le primizie del nostro futuro. L'Umanità è oggi alla vigilia della propria nascita, o forse della propria morte, e coloro che non hanno compreso il significato della parola "apocalisse" forse avranno ragione.

Noi, raeliani, partecipiamo al risveglio dell'Umanità ed allo sviluppo di una coscienza cosmica. Ecco il senso del mio impegno in quest'opera ambiziosa che consiste nel preparare l'Umanità ad accogliere i suoi creatori, gli Elohim.

La consacrazione del mio sacerdozio

Di Yvan Giroux

Ex-prete cattolico, ex-professore di catechesi,
Guida raeliana in Quebec.

Mi piacerebbe far sapere che, fin dall'età di dodici anni, mi sono vivamente interessato a tutto ciò che riguardava Dio e l'uomo, a mio avviso due esseri simili: costituiti dall'infinito e costituenti l'infinito.

Mi sono dunque interessato molto presto a "Dio" e al mio rapporto con lui. E ciò mi condusse ben presto alla contemplazione, alla mistica, come se volessi sfuggire al mondo terreno e raggiungere il mondo celeste.

Allora ho letto, domandato, cercato, meditato. Per andare più in profondità ho intrapreso una strada costellata da lunghi anni di studio, a partire da studi umanistici, filosofici e teologici, per giungere finalmente alla "religiologia", poiché avevo fiducia (ho sempre fiducia) nell'uomo e nella sua intelligenza.

Siccome sono un essere tutto d'un pezzo, ho cercato in quale famiglia avrei potuto consacrare totalmente la mia vita a questo Dio al quale ponevo incessantemente delle domande, che cercavo e che materializzavo nella meditazione e nella contemplazione. Questo dio con il quale intrattenevo uno stretto rapporto d'amicizia. Ma conservavo questo segreto dentro di me per non essere preso per pazzo.

Trovai una comunità religiosa di Padri per la quale mi prodigai per circa sei anni, come studente e pastore (seminarista). In questa comunità, trascorsi dei momenti meravigliosi di scoperta, di formazione, ma presi subito coscienza che c'era qualcosa di superficiale per me. Questo non rispondeva affatto alle mie aspirazioni più profonde.

Amavo molto la preghiera (d'altronde amo sempre la preghiera, vale a dire il contatto con i miei Creatori e con la Fonte infinita). Per alcuni ero mistico, ma immaginavo già il Padre di Gesù come un essere materialmente simile a lui, a noi, e sentivo che Gesù diceva la verità quando diceva: "Mio Padre che è lassù." Vedevo la verità mentre pregavo questo Creatore che io sapevo non essere un'unica entità ma molteplici entità. Inoltre sapevo, capivo già - per aver approfondito la questione nell'esegesi biblica - che Gesù non era in alcun modo Dio, e mi interessavo con grande passione a questa branca che viene chiamata "I teologi della morte di Dio" o "La teologia della morte di Dio". Ero ateo in qualche modo, ma la scoperta della verità era stata per me qualcosa di terrificante. Anche qui avevo trovato in queste scuole di pensiero teologico una mistificazione sotto altra forma.

E dunque non trovavo risposte pienamente soddisfacenti alle mie domande, alle mie interrogazioni riguardanti l'uomo e la fede, l'uomo e il suo impegno religioso e sociale, in questa chiesa che io trovavo sfasata ed anche falsa.

Lavoravo tuttavia in seno a questa "Chiesa", detta di Cristo, nei numerosi movimenti che essa accoglie, e mi specializzavo in scienze religiose (o religiologia) per andare ancora più a fondo.

I miei studi mi spingevano a lavorare dall'interno sul mio ambiente, ad interrogarlo, come a volerlo scuotere. Mi sentivo comunque molto incompreso. Questi studi che io affrontai per altri tre anni mi portarono in definitiva verso il vuoto, verso una certa tristezza. Poiché non tolleravo più tanto misticismo, tanta cecità. Amavo studiare, ma non riuscivo mai a sentire totalmente un fondo solido. Trovavo fuori luogo, inadatti, "sfasati", questi lunghi ragionamenti per giustificare certe strutture pastorali ed ecclesiastiche, mistiche ed oscurantiste, false e flagranti, che io rifiutavo in modo sempre più deciso. Venivo allora accusato di eccessivo criticismo o di superficialità da quelli che non condividevano i miei pensieri e che si accontentavano sempre, e che ancora si accontentano purtroppo, di idee banali nella loro fede e nella loro religione.

Proprio allora mi distaccai per circa un anno, e cercai in me, durante questo lasso di tempo, la verità. Continuavo ad insegnare, ma non mi occupavo più di alcun movimento. Interrogavo Gesù, e lo chiamavo e presagivo della luce.

Il 9 novembre 1976, assistetti ad una conferenza, tenutasi all'auditorium Plateau a Montreal, di Claude Vorilhon "Rael". Lì, quella sera, vidi e sentii che i miei anni di studi non erano stati inutili; capii molte cose, e tra l'altro, che io ero stato sempre profondamente "ateo", ma anche profondamente religioso, vale a dire attento alla materia, innamorato dell'essere umano, in comunicazione o in contatto costante attraverso la preghiera, che io demistificavo di giorno in giorno, con questo gruppo di extraterrestri, i nostri creatori, gli Elohim. Lo compresi in quell'occasione come un "flash". Ero dunque felice, riconoscevo in Rael un "Gesù dei nostri tempi". È stato come se fosse scattato in me qualcosa, ne ero certo, ne ero convinto, Rael mi illuminava, mi svegliava, mi rischiarava, mi diventava simpatico; nel giro di novanta minuti, tutto in me si raccordava, tutto prendeva corpo, tutto si connetteva, tutto si riarmonizzava, e questo non è più finito da allora. Ero estasiato, euforico. E questo traspariva chiaramente dalla mia persona.

In definitiva, ascoltavo dalla sua bocca, in modo talmente semplice e veritiero, con tanta evidenza e chiarezza, ciò che avevo compreso affannosamente solo dopo tanti anni di studi e di ricerche. Avvenne in me una sorta di sblocco improvviso.

Ero con degli amici. In loro, e il tempo mi è testimone, la cosa non aveva fatto scattare nulla di simile a ciò che successe invece nel mio caso. Comunque, quella sera ed anche in seguito, essi hanno visto e sentito come questi messaggi avevano fatto scattare in me qualcosa. Ma non volevano accettarlo. Io ero silenzioso, felice, radioso. Li sentivo che tentavano di respingere, di smontare con ragionamenti confusi, mistici - come sempre ne sentivo da oltre dieci anni - una verità così bella, semplice, liberatoria, "messianica" come quella che ronzava ancora nelle mie orecchie. Una Buona Novella in tutta la sua pienezza, la sua interezza, la sua chiarezza. Essi rifiutavano Rael e questi messaggi degli Elohim nella stessa maniera in cui le persone avevano tentato di rifiutare Gesù e il suo messaggio.

Quei pochi minuti con Rael mi hanno condotto ad una sintesi di dodici anni e più di ricerca, di analisi, di impegno, di sofferenze, di dono di me stesso. Adesso potevo consacrare totalmente la mia persona alla diffusione di una così grande novella, di una così grande liberazione, e questo attraverso l'intelligenza, la comprensione, l'armonia e l'equilibrio di tutto il mio essere scosso e messo in movimento. Certo, non è stato facile gestire il rapporto con la famiglia, mia moglie, i miei amici, il mio ambiente professionale, la Chiesa, gli amici preti. Ma in questi momenti difficili sono stato aiutato da tanti amici risvegliati, ed anche dai seminari di formazione e di risveglio del corpo e della mente.

Vedo tutti questi anni come un laboratorio ed una preparazione diretta a ciò che vivo al presente e a ciò che faccio come guida e saggio all'interno di questo magnifico movimento, in questa "strana" ma nuova e giovane religione atea.

Da parte mia, non sento che ci sia stata una rottura, poiché continuo ciò che da bambino avevo intrapreso: comprendere l'inizio, l'origine, la Genesi, per camminare nella luce, e costruire un presente sempre da demistificare e da depurare da circa duemila anni di crosta culturale, approfondendo i numerosi aspetti "teologici", filosofici, religiosi, di questi due messaggi trasmessi a Rael dai nostri creatori gli Elohim per un avvenire da sentire e da vivere interiormente e nel presente.

Questi messaggi, quella sera, mi hanno scosso. Li sentivo dentro di me ormai da parecchi anni, come inconsciamente e di giorno in giorno sempre più urgentemente. Ho percepito e sentito come una "congruenza" del mio passato nella ricerca e del mio presente nella scoperta. Questi messaggi, da allora, mi hanno cesellato, scolpito sin negli aspetti più nascosti della mia vita, dalla mia professione, dal mio lavoro di educatore alla mia vita familiare, sociale, politica. Hanno scosso le mie fondamenta, ma ero come preparato e pronto da molto tempo. Attendevo l'arrivo di questo Profeta degli Elohim, e lo insegnavo perfino agli altri.

Ma non ne sapevo molto. Poi, improvvisamente, tutto mi divenne chiaro e luminoso: questi messaggi mi hanno risvegliato e mi sono apparsi di fronte agli occhi. D'un tratto ho compreso la Bibbia, Gesù, Jahvé.

Come sono stato felice di questo sconvolgimento! Trasalivo di gioia, di vibrazioni. Fu come una buona doccia fredda quando la temperatura è calda e snervante.

La prima volta che lo incontrai alcuni giorni dopo la conferenza e dopo aver letto e riletto tutto d'un fiato questi messaggi in un fine settimana, Claude Rael mi disse: "In te hai tutto ciò che ti serve per rispondere o per dare una soluzione ai tuoi problemi. Quando l'avrai fatto, sarai l'80% più efficace. I tuoi problemi familiari ti schiacciano, ti bloccano, ti paralizzano".

Adesso so che cosa voleva dire e quanto sono felice di essermi impegnato attivamente su questa strada del risveglio e della coscienza.

Da allora ho letto varie volte i messaggi. Per me a quel tempo divenire guida divenne la "conferma" o la "consacrazione" del vero sacerdozio che avevo sempre cercato. Compresi che non avevo atteso invano, ma che stavo invece dando continuità alla vera Chiesa, quella delle origini, la Uhr Kirche (la Chiesa dell'Ora) in gergo teologico, poiché avrei seguito l'ultimo dei Profeti nell'era dell'Apocalisse ed avrei lavorato più a fondo, attraverso la diffusione dei messaggi degli Elohim creatori, a questa unità per la quale avevo consacrato ed impegnato la mia vita, i miei sforzi, il mio tempo. Questi messaggi, in effetti, annunciano la religione delle religioni, la religione dell'infinito, la religione dell'intelligenza dell'uomo e l'eternità della materia.

Ecco la mia fine ed il mio inizio. Sono felice ed amo. Da allora, come per "caso", mi hanno radiato dall'insegnamento della religione come specialista. Insegno matematica e francese come materie scolastiche primarie, religione e scienze morali come materie secondarie. Nel mio ambiente professionale non parlo apertamente dei messaggi, ma le persone vedono e riconoscono in me questi messaggi. Dunque mi rispettano. Il tempo in cui i miei confratelli mi parleranno di questi messaggi si avvicina sempre di più. Lo sento. Ne sono certo. Ovunque io passi, sono raggiante e diffondo questi messaggi con la mia presenza e la mia parola. Ho fatto atto di "apostasia" verso la Chiesa cattolica romana, ma rimango convinto che non esista rottura, ma una pura continuità con la Verità. Questo mi ringiovanisce e mi riempie.

Mi consacro interamente a far conoscere a tutti gli uomini di buona volontà questa verità demistificata, questo messaggio d'amore, di fraternità, di pace, di serenità, questo messaggio unico, sconvolgente, rivoluzionario per chi lo approfondisce senza sosta e lo comprende con gli occhi dell'intelligenza di cui i nostri creatori, gli Elohim, ci hanno dotato, gli occhi della saggezza creata ed infinita.

Essere attivo per non diventare radioattivo

Di Michel Beluet

Guida nazionale negli Stati Uniti e responsabile dei paesi anglofoni.

Questa è la mia testimonianza. In essa elaboro le ragioni profonde e fondamentali che mi hanno condotto alla decisione di diventare guida nell'ambito del Movimento Raeliano, dopo aver riflettuto a lungo sulle implicazioni della mia adesione.

Il messaggio affidato dagli Elohim a Claude Vorilhon "Rael" implica una riconsiderazione globale e particolare a tutti i livelli, individuale, sociale, politico, scientifico, filosofico e religioso; e questo permette un'azione totale per costruire la società di domani. Ma come ci sono arrivato?

Da dodici anni mi documentavo in molti campi, mi tenevo al corrente di ciò che era accaduto nel passato e di ciò che accadeva nel presente, ed ero giunto ad una tappa di riflessione riguardo all'evoluzione dell'Umanità. E, come molti, rimettevo tutto in discussione elaborando un mondo ideale. Che cos'avevo constatato e quali erano le mie speranze? Eccole qui esposte.

L'ORIGINE DELLA VITA

La teoria di una creazione divina non mi soddisfaceva, constavo tuttavia una costante: nel mondo intero tutte le religioni e le mitologie parlano della stessa creazione dell'essere umano da parte di un dio o più déi venuti dal cielo! Ne avevo dedotto che esisteva in questo ambito una prima verità palpabile e materiale che implicava la possibilità che l'uomo provenisse da un altro luogo.

La teoria dell'evoluzione secondo cui l'uomo sarebbe il risultato di una successione di mutazioni a partire dall'inorganico per giungere all'organico, mi pareva piena di falle per poterne fare una teoria valida. E oggi, in effetti, questa teoria viene rimessa in questione da eminenti specialisti.

L'UOMO

Constatavo che l'uomo, nei suoi rapporti con gli altri, mancava da sempre di tolleranza, rispetto, amore e fraternità… Mi auguravo quindi che, prima o poi, questi elementi mancanti avrebbero prevalso nell'ambito delle relazioni umane.

LA SOCIETÀ

Nel corso del tempo, la serie di fallimenti dei diversi tipi di governo nel risolvere i problemi fondamentali dell'Umanità, mi spingeva a pensare ad un sistema che permettesse di collocare nei posti che contano gli esseri umani più adatti fra noi, preoccupati di cambiare lo stato attuale della società. Questo implica che essi non si metterebbero alla mercé del complesso politico-militare-industriale che ha permesso, in nome di valori quali la patria, il lavoro e la famiglia, l'asservimento dell'uomo ad un altro uomo ed un numero incalcolabile di guerre in un'escalation sempre più letale dei mezzi di distruzione. Ero dunque cosciente di come l'Umanità fosse giunta in un'epoca decisiva della sua evoluzione, nella quale lo stesso avvenire dell'uomo veniva messo in gioco.

LE RELIGIONI

Sentivo che alla base di tutte le religioni esisteva una verità fondamentale ed accessibile, ma anche che dei sistemi primitivi ed oscurantisti avevano utilizzato questa verità per asservire l'uomo ad un assoluto che era restrittivo. Credevo anche che questa verità, rivelata agli uomini tramite i profeti, provenisse da un altro luogo e che provenisse da esseri dotati di grande saggezza. Ero contrario a questa nozione che faceva dell'uomo un colpevole a causa della sua natura carnale, contrario a tutto ciò che sminuiva l'uomo adducendo a pretesto che si sarebbe elevato solo in un'altra dimensione dopo la sua morte. Ero sicuro che l'uomo potesse raggiungere uno stato superiore di coscienza in piena armonia con la sua natura umana.

La scienza

Questa curiosità originale, che l'uomo ha trasformato in studio sistematico di se stesso e dell'ambiente nel quale vive, gli ha permesso di far arretrare le frontiere dell'inesplicato. Sapevo che un utilizzo della scienza per risolvere i problemi con i quali la nostra civiltà si deve confrontare, è possibile se la scienza viene utilizzata in modo saggio. L'inquinamento, la sovrappopolazione, la fame, l'energia, tutto può essere risolto con la scienza in armonia con la natura, ecco un ideale che è imperativo raggiungere. Ero anche cosciente dell'aspetto provvisorio delle nostre conoscenze e del fatto che ogni teoria è soltanto un tentativo di interpretazione di fatti che sono innegabili.

L'ignoto

Ero al corrente di tutto ciò che era inesplicato sulla Terra, e che lasciava intravedere l'intervento di intelligenze extraterrestri nel corso della nostra storia. Sospettavo che il cervello dell'uomo fosse dotato di ben altre capacità rispetto a quelle che utilizziamo correntemente. E tutto questo è per me una cosa naturale che un giorno giungeremo a spiegare.

Ero dunque cosciente dello stato attuale delle cose, e le mie speranze in un mondo migliore e in un'evoluzione dell'Umanità secondo criteri più armoniosi, non violenti e più fraterni, non si trovavano concretizzati in nessuna organizzazione, religiosa, politica o sociale. Mi sentivo dunque impotente e solo.

Ed è nel 1977 che sono venuto a conoscenza del messaggio che, nel dicembre 1973, degli extraterrestri avevano affidato a Claude Vorilhon "Rael", messaggio contenuto nel "Libro che dice la verità", e in un secondo volume scritto in occasione di un secondo contatto nel 1975, "Gli extraterrestri mi hanno portato sul loro pianeta". Mi sentii ricolmo di gioia alla lettura di questi due volumi, nei quali erano sintetizzate tutte le mie speranze per il raggiungimento dell'armonia, della pace e della fraternità che sono sempre mancate su questa Terra. C'era inoltre la rivelazione riguardo alle origini dell'essere umano sulla Terra e all'origine di tutte le religioni; mi sentivo veramente pieno di soddisfazione.

Questo messaggio proviene da uomini come noi i quali, benché vivano su un altro pianeta, hanno avuto un'evoluzione paragonabile alla nostra. Essi però sono riusciti a liberarsi da quella progressione - distruzione nella quale noi siamo invischiati da parecchio tempo. Ci danno dunque i mezzi che essi stessi hanno utilizzato per uscirne, pur lasciandoci liberi di agire e considerandoci come individui capaci di scegliere.

Ho voluto comunicare agli altri la mia speranza che l'Umanità possa giungere in un'Era d'Oro in cui l'essere umano sbocci in un mondo ideale. Ecco perché ho deciso di essere una guida e non più un testimone passivo dell'evoluzione dell'Umanità verso una possibile distruzione, bensì un uomo attivo per evitare che un giorno si diventi radioattivi.

Dal Marxismo al Raelismo

ADESIONE

Jean Bernard Ndjoga-Awirondjogo,
Laureato in scienze politiche, ex-Marxista,
Guida continentale per l'Africa.

Non è stato facile, per qualcuno abituato a ragionare in termini di evoluzione, di classe e di lotta di classe, concepire ed accettare che qualcosa di fantastico, di meraviglioso e di rassicurante esistesse dietro la Tradizione!

Ma attraverso i messaggi degli Elohim, è tutto il clima di assurdità apparente delle scritture bibliche che, improvvisamente, prende per me un senso nobile, pratico e di infinita portata.

Sapere che l'uomo non è il frutto del caso, ma la creazione in scienza e saggezza di Qualcuno che lo ha creato a Sua Immagine e Somiglianza! Quale sublime verità!

E dire che un giorno l'uomo della terra si eguaglierà ai suoi Creatori extraterrestri! Ora i tempi annunciati sono arrivati.

Rael, la luce degli Elohim fra gli esseri umani, ha iniziato la sua missione.

Per noi guide che abbiamo voluto sostenerlo, non rimane altro che continuare ad aiutarlo a diffondere più in là i messaggi dei nostri Padri celesti!

Perché a sua volta la terra raggiunga il concerto delle civiltà intergalattiche che popolano l'Infinito dell'Universo…..

Una Nuova Arte Di Vivere

Di Michel Deydier

Psicologo, Guida raeliana.

Esiste nell'universo un numero indefinito, perché infinito, di entità psico-somatico-emozionali, vale a dire delle personalità con le loro rispettive attività biologiche, energetiche e mentali. I rapporti sociali di queste entità necessitano della presenza di una facoltà di adattamento molto importante senza la quale l'uomo non potrebbe formare alcun gruppo sociale. La ricchezza mentale dell'uomo resta condizionata da questa attitudine che fa dell'essere umano il primo animale sociale e gli permette di rimettere in discussione, in qualsiasi momento, tutto ciò che compone la sua vita, tutto ciò che contribuisce o no alla sua felicità.

È proprio usando questa stessa facoltà che mi sono sforzato di aprirmi la strada verso la coscienza e il progresso personale. La conoscenza dell'uomo è un affare di flessibilità, bisogna scivolare nei pertugi del cosciente, evolvere negli strati più profondi del subcosciente senza distruggerne la fauna; "al diavolo" la frustrazione, bisogna comunque passarci in mezzo, "io ti frustro, tu mi frustri…", la storia dura da sempre e siamo sempre allo stesso punto.

Se vuoi arrampicarti nella tua testa, bisogna prima che impari a sbucciarti le mani, ci sono così tante cose che non vuoi vedere, ebbene! Guardale in faccia, ridi di te stesso, guarda come a volte sei debole, e più riconoscerai la tua sciocchezza e la tua vanità, più crescerai e meno soffrirai, poiché avrai accettato te stesso prima di amarti.

Sì, è proprio in questo stato mentale che ho riconosciuto la finalità dei messaggi; dapprima riconosciuti, essi sono stati in seguito veicolati da una digestione lunga e fastidiosa. E questo non è accaduto senza acidità, lo confesso. Inizialmente non è stato un semplice incontro, ma una vera e propria collisione in occasione della quale si è scatenato un enorme rimescolamento mentale più o meno cosciente che ha rimesso ogni cosa al suo posto.

Essendo io psicologo e quindi un personaggio, per definizione, un po' fuori dagli schemi (ma in fondo molto organizzato internamente), sono rimasto assolutamente stupefatto nel constatare che le informazioni comunicate da questi extraterrestri non solo trovavano il loro posto nella mia mente, ma stabilivano una sintesi inaudita fra gli elementi del mio vissuto e, meglio ancora, davano una dinamica incredibile alla carica creatrice di cui mi servo per aiutare i miei pazienti.

Visto che le azioni provocano reazioni, sono stato condotto a verificare uno ad uno gli elementi principali dei messaggi degli extraterrestri e, molto onestamente, ho anche preso in considerazione una moltitudine di ipotesi riguardo ai suddetti messaggi, alcune strampalate, altre un po' meno. Rifiuto il credo poiché le operazioni mentali relative alla credenza non hanno nulla a che vedere con quelle che conducono ad un ragionamento logico, anche se frutto di verifiche soggettive.

Io non credo agli extraterrestri, comprendo realmente il loro ruolo, la loro presenza in modo vero e ponderato, nella piena conoscenza dello scenario. Così, basandomi sulle mie conclusioni, ho rivoltato come delle frittate le grandi linee della mia formazione, sul recto e sul verso, e con mio grande smarrimento non c'era gran cosa né davanti né dietro; io che dovevo rimediare ai mali del pensiero, mi ero appena accorto del mio stato ridicolo e terribilmente limitato; oggi so che l'insegnamento della psicoterapia riposa su basi giudeo-cristiane abilmente mascherate. Evidentemente, visto sotto quest'angolazione, tutto questo non è né rassicurante né onesto. Ma chi, dopo tutto, non è stato ingannato dalla società? A questa, come a tutte le altre usurpazioni, bisogna reagire; eccomi dunque imbarcato su una bella galera, quella che, sin dall'antichità, coltiva il vero, il bello, il sano e costruisce il progresso liberatore.

I messaggi dati dagli extraterrestri a Claude Vorilhon costituiscono, secondo me, la risposta più intelligente che io conosca riguardante l'origine ed il destino del nostro popolo terrestre e, allo stesso tempo, un chiarimento formale sull'anatomia di una nuova arte di vivere.

Aderisco a questo slancio senza alcuna riserva. Rifiuto di imperniare la mia vita su di un'ideologia individuale egoista. È rispondendo ad un istinto profondo che ho avuto propensione per ciò che ho constatato; un vecchio istinto un po' dimenticato che dà all'uomo la forza di rivelarsi. Ogni uomo lo possiede. Ognuno di noi può, al proprio livello, prendere parte al rinnovamento della vita collettiva, utilizzando facoltà di adattamento ed istinto di sopravvivenza.

Ecco due cose che fanno dell'uomo la creatura più adatta a modificare l'ambiente terrestre e cosmico, e lo autorizzano a questa scelta decisiva nello stesso momento delle grandi passioni della sua storia. Mai la nostra società è stata così vicina alla meta, ed è naturale restarne a tal punto sconvolti. Il passato trabocca di fatti talmente convincenti, prove incontestabili del valore evolutivo delle sofferenze; il presente mostra la conclusione logica delle grandi regole dell'evoluzione; l'avvenire ci offre un panorama eccezionale grazie alle sue possibilità dovute all'unione dei valori morali con il capitale tecnico-scientifico. Ecco, brevemente espresse, le motivazioni che mi hanno condotto a riconoscere in linea retta i messaggi dati dagli extraterrestri. Sono felice di offrire la mia testimonianza a riguardo. Senza alcuna riserva offro un appoggio fermo e maturo, e le mie aspirazioni sono l'immagine riflessa dei passi che hanno condotto all'origine della vita sul nostro piancta.

Cannes, 22 Maggio 1979, anno 33 dopo Rael.

Bibliografia

- Evolution ou Création, Jean Fiori e Henri Rasolofomasoandro, Edizioni S. D. T., 77190 Dammarie-les-Lys (Francia).

- Soumission à l'autorité, S. Milgram, Parigi, 1974.

Avvertenza

Per ben comprendere quest'opera è preferibile aver prima letto il libro dello stesso autore:

IL MESSAGGIO DEGLI EXTRATERRESTRI
che contiene i primi due libri scritti da Rael

- IL LIBRO CHE DICE LA VERITA'

- GLI EXTRATERRESTRI MI HANNO PORTATO SUL LORO PIANETA

L'autore ha anche pubblicato:

- LA GENIOCRAZIA
- LA MEDITAZIONE SENSUALE
- SI ALLA CLONAZIONE UMANA
- RAEL, IL MAITREYA, estratti del suo insegnamento

Se desiderate procurarvi uno di questi libri, scrivete a
Movimento Raeliano Italiano
CP 202 – 33170 Pordenone
O inviate un e-mail a
italy@rael.org

Indice Analitico

ambasciata 1, 9, 10, 11, 26, 28, 30, 31, 81, 117
amore 20, 68, 77, 80, 97, 104, 118, 137, 138, 143, 150, 152
angelo 89, 90, 91, 92, 94, 100, 101
anima v, xiv, 19, 23, 25, 26, 29, 135
animali ix, xi, 6, 46, 47, 49, 58, 68, 90, 128, 129, 130, 131, 142
Antico Testamento 86
Apocalisse xii, 6, 59, 83, 84, 85, 86, 87, 88, 89, 90, 91, 92, 93, 94, 95, 96, 100, 101, 102, 104, 117, 122, 131, 136, 137, 138, 149
arca v, xi, 17, 18, 69, 130
artisti 40
atmosfera ix, 3, 4, 7, 59, 141
atomo v, xiv, 16, 17, 24, 32, 33, 34, 37, 38, 47, 131, 132
autodistruzione 26, 74, 94
bambini 8, 44, 45, 106, 110, 111, 128
battesimo 133
bestia 94
bombe atomiche xi, 91
Buddha xii, xiii, 28, 31, 104, 117
Cabala 135, 140
carbone 127
carestie 87
casco 85
cataclisma vi, 19, 46, 68, 76, 82, 89, 105, 128
cattolica 29, 100, 102, 123, 138, 150
centoquarantaquattromila 89
cervello 20, 27, 40, 48, 53, 107, 143, 153
chiesa 100, 102, 123, 146
chimica 39, 49, 50

codice genetico v, xiii, 13, 14, 23, 25, 26, 45, 47, 51, 52, 68, 88, 89
coma 19, 20, 21
comandamenti vi, 103, 123
computer xiii, 14, 15, 48, 49, 50, 51, 52, 53, 55, 56, 89, 126
comunicazione 50, 147
conoscenza xii, xiii, 6, 9, 11, 16, 38, 83, 89, 108, 133, 134, 136, 142, 154, 156, 157
contatto telepatico 103
continenti 12, 13, 95, 116, 127, 129, 130
Corano 104
coscienza 21, 24, 25, 27, 34, 36, 38, 40, 41, 42, 45, 51, 52, 53, 54, 55, 57, 60, 97, 105, 111, 118, 139, 142, 143, 144, 145, 149, 153, 156
creazione ix, x, xii, xiii, 7, 10, 13, 14, 24, 37, 56, 65, 66, 67, 68, 94, 95, 102, 122, 128, 129, 138, 142, 151, 155
criminali 113, 114
crimine 59, 106, 112, 115
Cristo 28, 146
culto 103, 104, 137
Daniele 136
datazione 11, 18
denaro v, 8, 9, 10, 77, 87, 137
deresponsabilizzazione 112, 113
diavolo v, 28, 64, 69, 70, 71, 94, 156
dinosauri 131
Dio v, 8, 16, 26, 70, 87, 89, 91, 92, 94, 96, 135, 145, 146
dischi volanti xiii, 116
DNA ix, 135, 142
ebraico x, xii, 8, 101, 116, 117, 135
Ebrei v, 8
Ecclesiaste 137

educazione 45, 52, 53
Eloha x, 3, 4, 77, 112
Elohim v, vi, ix, x, xi, xii, xiii, xiv, 1, 5, 6, 7, 8, 9, 10, 12, 13, 14,
    15, 17, 19, 22, 23, 24, 25, 26, 27, 28, 29, 30, 31, 32, 38,
    47, 60, 61, 64, 65, 66, 67, 68, 69, 70, 71, 72, 73, 74, 77,
    81, 95, 101, 102, 103, 104, 105, 116, 117, 119, 121, 122,
    127, 128, 129, 131, 133, 135, 137, 138, 139, 142, 144,
    147, 148, 149, 150, 151, 155
Era d'Oro 38, 41, 82, 94, 97, 154
eredità 94, 99, 137
esercito 112, 113, 115, 116
esilio 67, 68
Esodo 4, 6
esperimento 74, 108, 109
esplosione atomica 78
eterni xiv, 3, 14, 56, 86, 120
eternità 46, 61, 150
etimologia 25, 59, 101
evangelizzare 63, 100, 102
evoluzione v, ix, 22, 60, 82, 88, 124, 125, 127, 136, 144, 151,
    152, 153, 154, 155, 158
evoluzionisti v, 59, 60, 127
extraterrestri ix, 1, 7, 31, 76, 120, 122, 134, 135, 144, 147, 153,
    154, 155, 157, 158
Ezechiele 136
famiglia 53, 106, 116, 145, 148, 152
fine del mondo xii, 6, 64, 100, 101, 137
Francia 111, 120, 121, 128, 134, 159
frutto ix, xi, 19, 20, 38, 46, 66, 74, 127, 155, 157
Genesi x, xi, 8, 26, 104, 148
Geniocrazia v, 29, 30, 31
Gerusalemme 1, 96, 105

codice genetico v, xiii, 13, 14, 23, 25, 26, 45, 47, 51, 52, 68, 88, 89
coma 19, 20, 21
comandamenti vi, 103, 123
computer xiii, 14, 15, 48, 49, 50, 51, 52, 53, 55, 56, 89, 126
comunicazione 50, 147
conoscenza xii, xiii, 6, 9, 11, 16, 38, 83, 89, 108, 133, 134, 136, 142, 154, 156, 157
contatto telepatico 103
continenti 12, 13, 95, 116, 127, 129, 130
Corano 104
coscienza 21, 24, 25, 27, 34, 36, 38, 40, 41, 42, 45, 51, 52, 53, 54, 55, 57, 60, 97, 105, 111, 118, 139, 142, 143, 144, 145, 149, 153, 156
creazione ix, x, xii, xiii, 7, 10, 13, 14, 24, 37, 56, 65, 66, 67, 68, 94, 95, 102, 122, 128, 129, 138, 142, 151, 155
criminali 113, 114
crimine 59, 106, 112, 115
Cristo 28, 146
culto 103, 104, 137
Daniele 136
datazione 11, 18
denaro v, 8, 9, 10, 77, 87, 137
deresponsabilizzazione 112, 113
diavolo v, 28, 64, 69, 70, 71, 94, 156
dinosauri 131
Dio v, 8, 16, 26, 70, 87, 89, 91, 92, 94, 96, 135, 145, 146
dischi volanti xiii, 116
DNA ix, 135, 142
ebraico x, xii, 8, 101, 116, 117, 135
Ebrei v, 8
Ecclesiaste 137

educazione 45, 52, 53
Eloha x, 3, 4, 77, 112
Elohim v, vi, ix, x, xi, xii, xiii, xiv, 1, 5, 6, 7, 8, 9, 10, 12, 13, 14, 15, 17, 19, 22, 23, 24, 25, 26, 27, 28, 29, 30, 31, 32, 38, 47, 60, 61, 64, 65, 66, 67, 68, 69, 70, 71, 72, 73, 74, 77, 81, 95, 101, 102, 103, 104, 105, 116, 117, 119, 121, 122, 127, 128, 129, 131, 133, 135, 137, 138, 139, 142, 144, 147, 148, 149, 150, 151, 155
Era d'Oro 38, 41, 82, 94, 97, 154
eredità 94, 99, 137
esercito 112, 113, 115, 116
esilio 67, 68
Esodo 4, 6
esperimento 74, 108, 109
esplosione atomica 78
eterni xiv, 3, 14, 56, 86, 120
eternità 46, 61, 150
etimologia 25, 59, 101
evangelizzare 63, 100, 102
evoluzione v, ix, 22, 60, 82, 88, 124, 125, 127, 136, 144, 151, 152, 153, 154, 155, 158
evoluzionisti v, 59, 60, 127
extraterrestri ix, 1, 7, 31, 76, 120, 122, 134, 135, 144, 147, 153, 154, 155, 157, 158
Ezechiele 136
famiglia 53, 106, 116, 145, 148, 152
fine del mondo xii, 6, 64, 100, 101, 137
Francia 111, 120, 121, 128, 134, 159
frutto ix, xi, 19, 20, 38, 46, 66, 74, 127, 155, 157
Genesi x, xi, 8, 26, 104, 148
Geniocrazia v, 29, 30, 31
Gerusalemme 1, 96, 105

Gesù xii, xiii, 28, 29, 31, 45, 69, 70, 71, 79, 80, 81, 97, 104,
    106, 110, 112, 116, 117, 137, 138, 144, 146, 147, 148, 149
Giobbe 71, 72, 73
Giovanni 83, 84, 85, 86, 92, 93, 96, 97
giudizio 88, 127
governo xi, 65, 66, 67, 136, 152
greco xii, 69, 101, 102
guerra atomica 7, 18, 88, 89
guerre 38, 41, 87, 110, 115, 152
Guida delle Guide 14, 123
Guide 14, 15, 27, 123
Hiroshima 78, 80, 95, 111, 113, 116
infinitamente grande xiv, 17, 136
infinitamente piccolo xiv, 17, 23, 32, 136
infinito v, xiv, 11, 13, 16, 17, 23, 24, 25, 26, 27, 32, 36, 37, 38,
    39, 40, 41, 45, 46, 53, 56, 59, 60, 76, 105, 118, 136, 139,
    145, 150, 156
intelligenza 8, 40, 97, 105, 137, 145, 148, 150
Israele v, xii, 8, 78, 138
Jahvé vi, 67, 68, 69, 71, 72, 73, 74, 75, 76, 77, 78, 79, 80, 82,
    86, 87, 97, 117, 122, 149
laboratorio ix, xi, xii, 7, 8, 10, 65, 66, 68, 78, 83, 95, 109, 120,
    125, 135, 142, 148
latino 25, 101, 102, 103, 105
lavoro 10, 30, 51, 65, 82, 110, 115, 116, 136, 149, 152
Levitico 26
libertà ix, 56, 57, 106
luce 3, 4, 10, 11, 33, 34, 66, 67, 117, 138, 140, 141, 147, 148,
    155
Lucifero 64, 66, 67, 68, 77
macchine 5, 55, 67, 76
Maometto xii, xiii, 28, 31, 104, 117

matrimonio 136
Matteo 9, 65, 66, 70, 71, 106
meditazione xiv, 27, 145
Meditazione Sensuale 39
messaggero 69, 78, 80, 81, 89, 97, 101, 103, 117, 122, 138, 144
metallo 55, 85, 92
militari 10, 107, 114, 136
missione 4, 30, 69, 74, 76, 77, 105, 115, 117, 123, 138, 155
mitologia 140
moneta mondiale 136
morte v, xiii, xiv, 14, 19, 21, 26, 46, 47, 48, 51, 85, 86, 87, 89, 90, 91, 96, 106, 112, 113, 115, 135, 144, 146, 153
Mosè xii
musica 56, 73
nucleare vi, 82, 94, 95, 105, 132, 133
obiettivi 9, 41, 142
oggetti volanti 3, 85, 86, 120
omosessualità v, 58, 59
osso v, 13, 14, 15, 33, 34, 36, 89
osso frontale v, 13, 14, 15, 89
Papa 102
patria 106, 107, 111, 113, 116, 152
percezione 27, 39, 40, 41
petrolio 127, 128, 129
piacere v, 20, 38, 39, 40, 41, 44, 45, 46, 51, 52, 118, 134, 137, 143
pianeti xiii, xiv, 23, 24, 32, 65, 66, 82, 141
piano cellulare v, xiii, 13, 14, 25, 117, 135
piramide 55, 73
pregare 6
preghiera 145, 147
Profeta 102, 149

Profeti 13, 149
profumi 49, 50
programmazione 51, 52
quattro livelli 37
Rael iii, iv, vii, ix, xiii, xiv, 1, 3, 4, 7, 13, 61, 64, 81, 82, 89, 97, 116, 119, 120, 121, 122, 123, 134, 138, 147, 148, 149, 151, 154, 155, 158
religione v, 15, 26, 27, 29, 30, 52, 59, 80, 87, 100, 101, 102, 103, 106, 110, 116, 118, 124, 136, 139, 147, 148, 150
religioni v, xi, 22, 24, 28, 29, 69, 83, 106, 107, 135, 138, 144, 150, 151, 152, 154
responsabilità 109, 111, 112, 144
rivelazione xii, 101, 102, 103, 154
robot 10, 136
Satana xi, 64, 65, 66, 67, 68, 69, 70, 71, 72, 73, 77, 94, 112
scienza xi, 21, 23, 34, 60, 61, 101, 105, 108, 136, 153, 155
scienziati ix, xi, xii, 10, 11, 12, 22, 23, 32, 33, 36, 47, 50, 60, 64, 65, 66, 67, 97, 106, 107, 109
scienziato 82, 106, 108, 109
scuola 10, 44, 124
seicentosessantasei 94
seminari di risveglio 27, 41
sensualità 39, 41, 45, 143
sigillo 86, 87, 88, 89, 91
Signore 84
società 38, 41, 106, 107, 109, 118, 151, 152, 157, 158
soprannaturale x, 67, 101, 135
sottomissione 109
spirito xiv
suicidio v, 61
televisione 4, 42
teoria 124, 127, 128, 151, 152, 153

testimonianza 87, 121, 151, 158
tradizione 44, 45, 106, 137
trasmissione 13, 14, 117, 125, 130, 133
tromba 84, 86, 89, 90, 91, 92, 94
Umanità x, xi, xiii, xiv, 7, 15, 16, 24, 31, 37, 38, 41, 42, 52, 61, 68, 74, 75, 82, 83, 86, 87, 88, 89, 94, 95, 97, 103, 105, 108, 110, 113, 114, 115, 116, 118, 129, 135, 136, 137, 138, 139, 143, 144, 151, 152, 153, 154
umanitarismo 136
Vangeli 65
Vangelo 102
vascello v, xi, 6, 17, 18, 19, 68, 69, 73, 78, 96
Vaticano 9, 29, 59
velivolo 4, 5, 96
venuti dal cielo x, 5, 7, 67, 101, 102, 103, 135, 151
violenza 41, 45, 68, 76, 77, 97, 107, 114
vita eterna xiv, 14, 23, 26, 61, 75, 105
vuoto 140, 141, 146

www.ingramcontent.com/pod-product-compliance
Lightning Source LLC
Chambersburg PA
CBHW061945070426
42450CB00007BA/1052